U0919310

云南省 2014 年哲学社会科学规划项目
YB2014038 最终成果

张 寅◎著

当代西方政治哲学视阈下的民族建构

DANGDAI XIFANG
ZHENGZHI ZHEXUE SHIYUXIA
DE MINZU JIANGOU

中国政法大学出版社

2018 · 北京

图书在版编目（CIP）数据

当代西方政治哲学视阈下的民族建构/张寅著. --北京：中国政法大学出版社，2018.3
ISBN 978-7-5620-8038-1

Ⅰ.①当… Ⅱ.①张… Ⅲ.①民族学－研究 Ⅳ.①C95

中国版本图书馆CIP数据核字(2018)第048016号

书　名　当代西方政治哲学视阈下的民族建构
DANGDAI XIFANG ZHENGZHIZHEXUE SHIYUXIA DE MINZU JIANGOU
出版者　中国政法大学出版社
地　址　北京市海淀区西土城路 25 号
邮　箱　fadapress@163. com
网　址　http://www. cuplpress. com（网络实名：中国政法大学出版社）
电　话　010-58908466(第七编辑部) 58908334(邮购部)
承　印　固安华明印业有限公司
开　本　880mm×1230mm　1/32
印　张　6. 75
字　数　163 千字
版　次　2018 年 3 月第 1 版
印　次　2018 年 3 月第 1 次印刷
定　价　48. 00 元

目　录

CONTENTS

绪　论

一、选题的背景和意义

（一）选题背景

民族是人类由传统社会向现代社会转型发展中的产物，是伴随着国家、阶级出现的一种社会历史现象，是一种高级别的人类共同体组织形式。西方民族主义学者普遍认为民族是由国家建构而出现的，是一种想象的共同体，凸显了民族和国家之间密不可分的关系。现代国家的组织形式都是民族—国家，即民族与国家相结合的共同体，但是当前民族—国家都是由多个族群组成的，随着全球化的发展、移民现象的普遍及族群意识的觉醒，传统民族主义理论主张的“一个民族，一个国家”的思想变得愈发虚幻。

同时，一个国家存在多个族群的事实带来了社群多样化的诉求，涉及政治、经济、文化方面，面对有限性社会资源，国家如何回应这些不同的诉求关系到政治的稳定和统一，德国学者哈贝马斯就认为族群矛盾和冲突就是由于国家无法满足族群的诉求而导致的。民族建构就是为了维护共同体的稳定，国家作为主导者，在相关理论的指导下，为实现民族一体化的目标而采取的具体政策、措施及其过程。在民族建构中民族一体化与族群多元化的矛盾一直存在，国家认为高度的民族一体化会促进共同体的稳定，而族群则认为多元的族群文化有着不可取代的价值，双方都不断地进行合理性论证。

所以，本文从当代西方政治哲学的角度来研究民族建构问题，从政治哲学理论的源头探寻族群、民族、国家之间的关系，以历史脉络考察从古希腊时期到今天，西方思想家对国家这个共同体演进发展的思考，总结西方民族主义、自由主义、社群主义、多元文化主义对族群建构的不同观点，透过国家与族群矛盾和冲突的不同表象，达到寻找民族建构的本质及其内在逻辑的目的，为实现国家与族群二者之间关系的和谐统一提供些许理论贡献。

（二）选题意义

1. 理论意义

（1）从当代西方政治哲学的视阈来研究民族建构问题，有利于加强对于民族建构、族群认同、国家认同的理解，扩宽国内对民族问题研究的思路，实现对西方民族建构理论的跟踪研究，为中国民族建构问题研究提供新的理论框架。

（2）当代西方政治哲学家对民族建构所提出的相关主张是当前西方政治哲学研究的热点问题，为我们提出一种合适的分析中国民族问题的研究范式和思考框架，目前国内民族研究与西方对话还存在一定的问题，因为国内对民族与族群的定义与用法存在很大争议，本文以族群为基本的分析单位，希望能丰富和发展现有的民族政治学理论、方法论与研究范式。

（3）对民族建构问题的研究一般都是国内民族学、社会学、民族政治学研究所关注的主题，国内政治哲学很少将民族建构问题作为研究对象，希望本文能为国内政治哲学研究的丰富和发展做出一定的贡献，希望能扩展国内政治哲学研究的理论视域。

2. 现实意义

（1）具有理论指导现实的针对性。任何一个国家都需要进行民族建构，都面临着不少问题，我国也不例外。民族建构中国家与族群之间的内在张力问题是我国实现中华民族伟大复兴要解决好的现实课题。通过对西方民族建构理论规范性的研究，归纳出一套科学的、指导性的民族建构理论，可以对我国的民族建构提供一定的参考价值，从而达到维护民族团结和国家统一的目的。

（2）具有政策层面的可操作性。政治理论不是空中楼阁，要以政治实践为最终目标。当代政治哲学复兴之后有个明显的变化在于注重对现实的关怀，而民族建构问题具有突出的实效性，族群平等、族群融合等问题现实又急迫，所以政治哲学家们的思考也变得切实可行。本文中所提及的民族建构理论和政策已经通过实践检验并被证明成效显著，有利于更好地践行中国共产党关于巩固和发展平等团结互助和谐的社会主义民族关系，促进各民族和睦相处，和谐发展的宗旨。

二、国内外研究现状评述

（一）国内相关研究

主要侧重于从历史发展演变、族群的迁徙融合、文化多样性、民族国家中心论、政权合法性理论来考量民族建构问题。研究的主要内容集中于以下六个方面：

1. 民族建构中族群与民族概念的辨析

族群概念是西方的舶来品，到 80 年代这一概念开始传入中国，这一分析民族与国家问题的范式一方面为国内民族学、民族政治学的研究提供了一个新的分析框架，另外一方面也带来了不少争论。国内学界围绕族群与民族的类型建构、概念辨析、理论应用、族群认同与民族识别等多个方面开展了大量讨论，如阮西湖《民族，还是“族群”——释 ethnic group 一词的涵义》（2004），郝时远《中文语境中的族群及其应用泛化的检讨》（2002）、《对西方学界有关族群 ethnic group 释义的辨析》（2002），周大鸣《论族群与族群关系》（2001），叶江《当代西方的两种民族理论——兼评安东尼·史密斯的民族理论》（2002），马戎《试论族群意识》（2003）、《理解民族关系的新思路——少数族群问题的去政治化》（2004），潘蛟《“族群”及其相关概念在西方的流变》（2003）、《“族群”与民族概念的互补还是颠覆》（2009）等。目前形成了三种观点：第一种是否定论（如阮西湖、朱伦等人）；第二种是折中论（如郝时远、潘蛟等人；第三种是支持论（如马戎、关凯等人）。[1]由于受到苏联民族政治和理论的影响，当前中国的民族观念和民族学的语境是把“民族”作为一种内涵丰富通用的概念，坚持用马克思民族理论来解决中国民族问题。按马戎教授的观点，当前的民族问题研究“需要的是对族群意识的产生、继承、发展的过程，对族群意识在外力作用下的诱发、转化的过程，以及对影响这些过程和发展方向的深层次因素进行研究与分析。尤其需要作关于中国、西方的民族意识、族群关系等方面的比较研究”。[2]

2. 民族建构与国家建构的讨论

对于民族建构、民族国家建构，国内一般是从社会学、民族学角度来进行研究，研究的成果取得了学界的共识。如费孝通教授在 20 世纪 80 年代末就提出了“中华民族多元一体格局”

---

〔1〕 王东明：“关于‘民族’与‘族群’概念之争的综述”，载《广西民族学院学报》（哲学社会科学版）2005 年第 2 期。

〔2〕 马戎：《民族与社会发展》，民族出版社 2001 年版，第 28 页。

的主张，是较早思考民族建构的国内学者；[1]宁骚教授的著作《民族与国家：民族关系与民族政策的国际比较》（1995）采取对比研究的方法，从民族学、历史学的角度，根据民族国家的发展历史比较了各国的民族关系、民族政策，可以说是迄今为止研究民族国家问题的典范，到今天为止国内也未见超越性的著作出现。其他研究民族与国家问题的还有马戎《民族社会学——社会学的族群关系研究》（2004）、《民族社会学导论》（2005），金炳镐《民族理论通论》（2007），王希恩《全球化与国家的民族属性》（2002），姚大力《中国历史上的民族关系与国家认同》（2002），何叔涛《民族过程中的同化与认同》（2005）。绝大部分研究都是从民族学、社会学的视角进行的，以历史脉络探究民族共同体的演变和民族国家与民族之间的关系问题。一般认为民族建构是国家建构的组成部分，或者有的时候民族建构和国家建构是同义词。但国家建构应该说是由民族建构和政治建构两个部分组成的，民族建构的目标是民族的一体化，政治建构则是国家政治制度的民主化、科层化的发展过程，二者都是国家权力合法性的基础，但在民族学家、政治学家看来，随着当代民族主义的复兴，民族建构是当前国家建构中更为紧迫的问题。

随着国内研究的深入，开始有学者从跨学科的角度，即新兴的民族政治学视角来研究民族国家建构问题，如周星《民族政治学》（1993），关凯《族群政治》（2007），陈茂戎《马克思主义视野的“民族认同”问题研究》（2014），周平《民族政治学》（2003）、《民族政治学导论》（2001）、《多民族国家的族际政治整合》（2012）、《民族政治学二十三讲》（2014）。值得一提的

[1] 参见费孝通主编：《中华民族多元一体格局》，中央民族大学出版社 1999 年版。

是周平教授作为国内民族政治学的领军人物，对民族国家、民族建构、国家认同、族际政治关系（整合与民主化）等问题进行了系统的研究，在结合中外相关研究的基础上提出了自己的一套民族政治学理论，对中国民族问题进行了深入的思考并提出了一些有建设性的主张，如在民族建构上他通过分析现代民族国家的起源，探究了民族国家建构的价值判断，认为就中国而言应该要坚持国家中心论的主张，“把民族政策的基本取向由‘民族主义’向国家主义转变”。[1]

3. 对民族建构与政治合法性问题的分析

民族建构问题与国家权力的合法性有着密切的关系，稳定的政治认同是政治合法性的基础，政治学学者以认同为主线，研究了民族认同（族群认同）与国家认同之间的张力，分析了民族国家权力的合法性基础问题。如徐勇《“回归国家”与现代国家的建构》(2006)，庞金友《族群身份与国家认同：多元文化主义与自由主义的当代论争》(2007)，黄其松《民族认同：民族主义、自由民族主义与宪法爱国主义》(2015)，于春洋《论民族个体身份的双重性》(2013)、《全球化时代何以“重构民族国家”——国家权力合法性与国家能力建设析论》(2016)，等等。可以看出，认同问题是研究民族国家建构的一个很好的切入点，在2006年之后，国内对国家认同的研究开始逐渐引入西方的解释范式来进行分析论述，分析或对比自由主义、社群主义、多元文化主义、民族主义的民族建构理论，探讨了当代西方国家塑造国家认同存在的问题，提出尊重少数族群的差异性，给予国内少数民族适当的优惠政策扶持他们本地的经济与文化发展。

---

〔1〕 周平：“中国民族政策价值取向分析”，载《当代世界与社会主义》2010年第2期。

4. 西方政治理论范式下对民族建构的研究

以西方的语境或者说政治哲学与政治理论范式来研究民族建构中的族群问题，并通过借鉴国外可取的理念与方法来回顾中国民族问题的研究也是当前国内研究民族建构的一种热门方法。如杨雪冬《民族国家与国家建构：一个理论综述》(2005)，陈建樾《多民族国家和谐社会的建构与民族问题的解决——评民族问题的“去政治化”和“文化化”》(2005)、《认同与承认——基于西方相关政治理论的思考》(2010)，王建娥《多民族国家包容差异协调分歧的机制设计初探》(2011)，范可《信任、认同与“他者”：族群和民族省思》(2013)、《“想象的共同体”及其困境——兼及不同国家的应对策略》(2015）等。这些研究通过考察西方民族国家建构中的民族问题来归纳应对民族问题的基本方法，主张辩证地看待民族主义并从西方民族主义理论中找出合理性因素加以利用。王建娥认为在民族政策的制定上，各个国家都各有其特点，但要抓住一个目标、一个方向、一个中心，“那就是在平等承认的基础上，构建和谐的族际关系，容纳文化价值的多样性”,〔1〕制度设计要以稳定大局，包容族群差异，协调国家与族群之间的分歧为出发点。

吉林大学与天津师范大学分别具有政治哲学和西方政治思想史方面的学科特色，这两所学校的师生对从政治哲学的视阈分析民族国家及其建构问题做出了巨大的理论贡献，尤其对西方政治思想各个学派之间不同的观点进行了梳理，为本文的研究提供了必要的文献基础。如周光辉《构建现代国家——以组织化、制度化与民主化为分析视角》(2009)，秦相平、王彩波《自由主义的三种理论形态及其在当代中国的批判与扬弃》，殷

〔1〕 王建娥：“多民族国家包容差异协调分歧的机制设计初探”，载《民族研究》2011年第1期。

冬水《政治平等：神话还是现实——政治平等的内在逻辑与实现路径的规范分析》(2015)，马德普《价值多元论与普遍主义的困境——伯林的自由思想对自由主义政治哲学的挑战》(2011)，常士訚《西方多元文化主义争论、内在逻辑及其局限》(2006)，等等。

此外，台湾地区学者也对民族国家建构问题比较关注。石之瑜《后现代的国家认同》(1996)，江宜桦《自由主义、民族主义与国家认同》(1998)、《自由民主的理路》(2001)，林火旺《自由主义与社会正义》(1993)、《正义与公民：自由主义的观点》(2005) 等都是优秀的代表作。客观上说，台湾地区学者对西方政治哲学理论的消化理解要比大陆学者更为到位与透彻，并且能把国外政治哲学中关于族群认同、国家认同、民族一体化的理论本土化，在消化西方理论的基础上提出了自己的一套民族建构理论并运用到台湾本土原住民的问题上，同时提出了各自的不同看法。

从政治学理论、政治哲学的视角来研究的著作不是太多，很多都是译著，主要以姚大志、万俊人、冯克利、应奇、刘擎、刘训练、曹海军等一批人翻译的国外著作为代表。这体现出当前我国的政治哲学研究还是以阐述西方政治哲学相关理论为主流，并没有形成有中国特色的政治哲学理论，并且通过西方政治哲学视角来关怀中国现实问题的研究极少。李强《自由主义》(1998)，俞可平《社群主义》(1997)，徐讯《民族主义》(1998) 是第一批国内学者对国外政治哲学理论的解读性著作；姚大志《何谓正义：当代西方政治哲学研究》(2007)，王彩波《个人权利与社会正义》(2007)，常士訚《异中求和：当代西方多元文化主义政治思想研究》(2009) 等著作则是近年来为数不多的国内政治哲学、思想史研究的著作。这些著作在对国外政治哲学理论充分理解的基础上进行了新的阐述，作者加入了自己的理解比对原著的翻译应该说前进了一步。尤其是常士訚教授的著作和系列论文对西方多元文化主义思想进行了全面的介绍，提出了用一种包容差异性的平等理念来建构和谐族际关系的主张。

5. 公民身份理论与民族建构问题

公民身份（citizenship）或者说公民权利是民族建构研究的一个关键问题，现代国家基本都是通过平等的公民身份把具有不同身份认同的个人聚合到一起的，无非是对个人的文化身份或族群文化价值有着不同的态度和看法。国内学者归纳消化了国外学者对公民身份的研究，从公民身份这一角度思考了实现族群平等和促进社会公平正义的构想。如陈家刚《多元主义、公民社会与理性：协商民主要素分析》(2008)，肖滨《两种公民身份与国家认同的双元结构》(2010)，郭忠华《动态匹配·多元认同·双向建构——再论公民身份与国家认同的关系》(2011)，郭台辉《公民身份认同：一个新研究领域的形成理路》(2013)，等等。这些学者把公民身份分为“赞同性国家认同”与“归属性国家认同”[1]等不同类别，认为现代公民身份的单一认同结构正在被挑战，因为“公民身份如果不建立在共同历史、政治文化和共同命运感的基础上，将导致自身变成一种纯粹以私人利益为基础的‘简单互惠关系’”。[2]

6. 对国别民族政策的研究与全球化对国家一体化影响的思考

最早关注国外民族政策的学者如阮西湖《澳大利亚联邦政府对土著居民的政策》(1987)、《加拿大多元文化主义政策的制

〔1〕 参见肖滨：“两种公民身份与国家认同的双元结构”，载《武汉大学学报》(哲学社会科学版) 2010 年第 1 期。

〔2〕 郭忠华：“动态匹配·多元认同·双向建构——再论公民身份与国家认同的关系”，载《中山大学学报》(人文社会科学版) 2011 年第 2 期。

定和发展》(1989)，王铁志《美国的民族问题和民族政策》(1998)，刘稚《新加坡的民族政策与民族关系》(2000)，韩家炳《多元文化、文化多元主义、多元文化主义辨析——以美国为例》等对国外的民族政策进行了介绍，希望对我国的民族建构有所启示。在全球化背景下研究民族国家建构问题成了当前研究的一个热点，如周平《全球化时代的民族与国家》(2013)，于春洋《全球化时代“反对民族国家”——对“民族国家终结论”、“世界政府”与“全球治理”等观点的析评》(2015)等。值得一提的是两本优秀的专著，贾英健《全球化背景下的民族国家研究》(2005)和于春洋《现代民族国家建构：理论、历史与现实》(2016)。贾英健教授分析了全球化背景下国家主权、国家职能、国家认同等几个方面的变化，得出了民族国家应对这些变化要加强行为自主这一结论，指出这需要通过制度上的创新来实现，并对民族国家的未来走向进行了展望。[1]而于春洋教授的专著的分析框架值得借鉴，他从理论、历史和现实三个维度对民族国家建构进行了考察，把民族国家的历史建构类型分为内生形态、衍生形态、外生形态三种主要模式，并对全球化时代民族国家遭遇的挑战进行了分析，认为民族国家并不会终结，而是需要通过建构不断完善和发展。[2]

综观国内已有的研究，对民族建构的研究已经取得丰硕的成果，引起了国内学术界的关注，但也存在一些不足。主要表现在以下几个方面：①从研究的对象来看，对象要么过于单一，要么过于笼统。②从研究的视角来看，比较单调，以马克思主

〔1〕 贾英健：《全球化背景下的民族国家研究》，中国社会科学出版社2005年版。

〔2〕 于春洋：《现代民族国家建构：理论、历史与现实》，中国社会科学出版社2016年版。

义民族理论为主流，缺乏对西方民族理论的深入研究。③从研究的内容来看，对比性的、深入理性思考的研究不多。④从研究的方法来看，实证及个案研究或是历史经验的归纳总结较多，规范性研究偏少，理论上的思辨性不强。

（二）国外相关研究

国外对于民族建构问题的研究分为理论分析和案例研究两大类，研究视角为全球化与现代化、民族主义、自由主义及其批判理论三种视角：

1. 对民族建构理论与国家共同体问题的研究

马克斯·韦伯、汉斯·科恩、G. A. 阿尔蒙德、亨廷顿、菲利克斯·格罗斯、哈罗德·伊罗生等人从国家中心论探讨了西方国家中民族与国家之间的关系问题，主要研究种族主义、同化政策与国家统一的问题。实际上，对共同体问题的研究自古希腊时期就开始了，发展到启蒙运动时期民族与国家之间的关系变得明朗化，在伯克《法国革命论》，密尔《论自由》《代议制政治》，霍布斯《利维坦》，卢梭《社会契约论》等著作中都可以找到关于国家的起源、民族与国家关系的相关论述。后来马克斯·韦伯《经济与社会》，涂尔干《社会与国家》，卡尔·马克思《私有制和国家的起源》从社会学的角度探讨了国家的产生及其与民族之间的关系。科恩 *The Idea of Nationalism*，伊罗生《群氓之族》等著作则看到了民族主义的强大力量，既有促进民族国家统一的一面也有其消极的一面，主要研究种族主义、民族政策与国家统一的问题。阿尔蒙德《公民文化》，亨廷顿《文明的冲突与世界秩序的重建》《我们是谁——美国国家特性面临的挑战》等著作从政治发展、政治文化的角度来研究民族和国家问题，亨廷顿提出了著名的文明冲突论，并且认识到了身份问题的重要性，即个人对族群与民族共同体的归属感在民族国家建构中的重要作用。菲利克斯·格罗斯在《公民与国家——民族、部族与族属身份》中将国家划分为公民国家和部族国家两种类型，通过分析国家的历史演进比较分析了两种国家的优缺点，得出了国家建构要在族群多元化的事实中把公民身份与民族身份结合起来，建构出一种强势的认同来强化公民对国家的归属感。

2. 对民族主义的理论与历史分析

民族主义理论是研究民族国家及其建构问题的重要流派，当代最为著名的代表性人物就是厄内斯特·盖尔纳、埃里克·霍布斯鲍姆、本尼迪克特·安德森三人，以及后来的安东尼·史密斯、迈克尔·赫克特等人。一般认为民族主义产生于西欧启蒙运动中，后来到了德国浪漫主义时期以赫尔德为代表的思想家突出了民族文学、民俗文化对于民族共同体的价值和作用，为民族主义的发展指明了道路，就如埃里克·霍布斯鲍姆所认为的那样，“这场极富民粹精神的文化复兴运动，适为日后陆续崛起的数波民族主义运动，奠下了不可动摇的基础”。[1]厄内斯特·盖尔纳《民族与民族主义》、埃里克·霍布斯鲍姆《民族与民族主义》、本尼迪克特·安德森《想象的共同体：民族主义的起源与散布》从不同角度分析了民族主义产生的历史、原因及其作用，得出了统一的结论：民族是建构而产生的，是伴随着现代化的进程而出现的人类社会现象，民族主义具有强大的力量，既可以促进民族国家建构也可以起到反作用。安东尼·史密斯则在《民族主义：理论，意识形态，历史》和《全球化时代的民族与民族主义》中把族群引入了民族国家研究的分析之中，辨析了族群的原生性和民族的建构性，提出了他的象征民

〔1〕［英］埃里克·霍布斯鲍姆著，李金梅译：《民族与民族主义》，上海人民出版社2006年版，第101页。

族主义理论。在此基础上，他分析了全球化背景下的民族国家问题，认为族群和国家之间存在着张力会削弱民族国家权力的合法性，但即使出现了各种超国家的地区性组织，民族国家仍然具有强大的生命力，后民族国家时代仍未到来。赫克特在《遏制民族主义》中分析了民族主义产生的起因、特征及其分类，希望探究一种遏制民族主义的机制，最后得出间接统治是一种有效的措施，“它常常为既存民族提供它们自己的治理单元，因而消除了其对民族主权的要求”，[1]他进而提出了三种有效主张：协和民主制、联合政党（超越种族界限的）选举制、联邦制。

3. 对少数群体的权利与平等问题的研究

罗尔斯在《政治自由主义》中主张中立性原则、重叠共识与分配正义，在新自由主义学者看来，少数群体权利是不可接受的，只能是对个人权利的限制，并且个人的文化身份是私人领域的事，国家对此不应该干涉。后来德沃金在《至上的美德——平等的理论与实践》《原则问题》等著作中对罗尔斯的理论进行了完善，提出了一套资源平等的理论；约瑟夫·拉兹在其著作 *The Morality of Freedom* 中以激进的主张提出了一套至善主义，要求政府创造条件促进个人自由。即使德沃金、约瑟夫·拉兹等人对新自由主义进行了不断地完善，但仍旧遭到了不少质疑。而桑德尔《自由主义与正义的局限》，麦金泰尔《德性之后》《追寻美德》《谁之正义？何种合理性?》，查尔斯·泰勒《自我认同的根源：现代认同的形成》，沃尔泽《正义诸领域——为多元主义与平等一辩》《论宽容》等著作集中批判了以罗尔斯为主的新自由主义，社群主义者强烈反对中立性，他们主张以共同体为核心概念，注重公共善、共同价值、公民品德，要求国家

[1] [美] 迈克尔·赫克特著，韩召颖等译：《遏制民族主义》，中国人民大学出版社 2012 年版，第 61 页。

平等地看待族群文化身份并予以支持。伯林《自由四论》《反潮流：观念史论文集》，塔米尔《自由的民族主义》以价值多元论等主张为基础，认为应该把民族主义和自由主义的优点结合起来，在个人平等的基础上注重共同体对个人的归属性作用。艾丽斯·M. 杨 *Justice and the Politics of Difference*，威尔·金里卡《自由主义、社群与文化》《少数的权利：民族主义、多元文化主义和公民》《多元文化的公民身份——一种自由主义的少数群体权利理论》，詹姆斯·塔利《陌生的多样性：歧异时代的宪政主义》，他们作为多元文化主义的代表人物主要关注民族国家内的少数群体的不平等问题，希望通过差异的公民权利来改变当前的不平等境地，注重族群文化的价值和作用，要求通过一种更为公正的方式来进行民族建构。

4. 对公民社会与民族国家问题的研究

戴维·米勒《论民族性》《民族责任与全球正义》，米勒认为民族性在民族国家建构中有着不可替代的作用，个人对民族认同的归属感是民族建构不可或缺的，并且民族国家依然具有强大的生命力，并且他提出了一种非强制性的全球正义，认为这种范式可由民族国家组成并实现。查尔斯·蒂利《强制、资本和欧洲国家》《身份、边界和社会联系》，安东尼·吉登斯《民族-国家与暴力》《现代性的后果》《第三条道路：社会民主主义的复兴》，哈贝马斯《在事实与规范之间——关于法律和民主法治国的商谈理论》《包容他者》《后民族结构》，布莱恩·特纳《公民身份与社会理论》，这些著作分析了欧洲现代民族国家的形成及对民族国家命运的展望。蒂利提出了抗争政治理论，并认为民族国家强大的资源汲取能力将胜过其他国家组织形式；吉登斯也认为民族国家具有强大的力量，世界体系将会被民族国家所主宰，而一个民主化的世界政府是不现实的主张。特纳、哈贝马斯都把公民身份作为理解国家和个人关系、权利与平等问题的一个视角，特纳认为全球政治公民身份的发展是一种趋势，表示了对文化公民身份的关注，而哈贝马斯则更进一步，在交往理论的基础上提出了后民族国家转变的主张，即通过统一的政治文化“宪法爱国主义”来实现全球公民社会，表达了一种欧洲中心论的观点及其对欧洲一体化的期望和乐观态度。

三、研究的基本思路和研究方法

（一）基本思路

1. 概念界定

在对族群多维视角审视的基础上，界定族群、民族、民族国家、民族建构、价值中立、文化多元、公民身份、政治认同等相关概念。分析民族国家的本质属性和建构模式，揭示国家、民族和族群之间的区别和联系，并把握民族和族群之间的动态关系。

2. 归纳分析

借助当代西方政治学关于民族建构的研究成果，归纳居于平等、正义、差异等价值之上的理论体系，即西方民族主义、自由主义、自由民族主义、社群主义、多元文化主义各流派学者在族群平等、身份认同、民族建构等方面的具体主张，阐明在民族建构中当代政治思想不同流派对文化多样性价值的不同态度，以探讨如何加强共同体认同为主线分析当前历史条件下民族建构的价值取向问题。

3. 提出范式

在归纳分析以认同问题为核心的理论体系基础上，提出一种分析民族建构问题的范式和思考框架，为民族建构提供价值理念和路径选择。这就是要以下述主张为基础来制定公正、包容的民族建构措施：认可族群文化的价值与意义并意识到当前社会中普遍存在的制度性歧视与各种不平等现象，要以追求结果平等为目标，适当给予少数族群各种特殊权利来帮助他们改变当前的不利地位，以弥补当前法律基础上平等权利的不足。

（二）研究方法

1. 历史文献研究法

通过梳理和总结中、外学者对民族建构的前期研究成果，将历史和理论密切联系起来，这是整个研究的基础方法。

2. 比较分析法

对比分析西方政治哲学不同思想流派关于民族建构的观点及不同时期的民族建构政策的利弊。

3. 逻辑分析法

用于分析族群与国家结构分析、博弈互动、系统因素影响等方面，同时在宏观论证的基础上进行专题研究，各部分看似基本独立又有密切联系。

四、研究的主要内容和重点难点，主要观点和创新之处

（一）主要内容和重点难点

1. 研究的主要内容

第一部分，民族国家建构的理论逻辑：以认同为中心的正当性论证。本部分探讨了民族建构的基本理论，族群、民族与国家间的关系，国家建构和民族的区别，并以认同为中心，提出国家认同的维系需要通过以公民身份为纽带的政治认同和以民族认同为纽带的文化认同两个方面同时进行，这样才能起到维护国家权力合法性的效用。

第二部分，民族主义理论下的民族平等观与民族自决。本部分从民族主义的概念入手，证明传统民族主义所倡导的一个

民族、一个国家的主张是无法实现的；梳理了当代西方民族主义理论的三位代表性人物对民族与民族国家关系的观点，用安东尼·史密斯的族群理论对传统的民族主义研究范式进行分析，揭示了国家与族群之间的动态关系。在此基础上，对影响民族国家团结与统一的民族自决原则进行了分析，展望了后民族时代的民族认同。

第三部分，自由主义国家建构观的传统理路。本部分梳理了传统自由主义理论中国家源起的脉络，阐明了自古希腊时期到今天国家共同体一直是政治哲学研究的核心，并且对于国家共同体稳定的思考有着久远的历史，所以对民族建构的分析要把国家放到中心位置，采取一种国家中心论的方式。其次，对当代自由主义影响国家与族群关系的重要主张进行了深入分析，即中立性、公私领域、公民身份理论，代表了自由主义对个人、族群、国家的基本看法，也是后来被批判的重点所在，使西方国家的民族建构过程引发了认同危机与分裂主义，也使得其民族建构政策的发展经历了一条从不民主到相对民主的发展过程。

第四部分，自由的民族主义：对自由主义和民族主义的融合。本部分对西方的自由民族主义思想进行了阐释，主要以西方学术界公认的伯林、塔米尔两人的思想为主，二人都对自由主义、民族主义的民族建构主张表示了明确的不满意，提出了一条融合自由主义和民族主义特色的中间道路，认为在民族建构中应该更多地考虑族群文化的价值及其诉求。

第五部分，社群主义集体主义价值观对民族国家构建的贡献。本部分从社群主义学者对新自由主义（主要是罗尔斯）观点的批判开始，阐述了社群主义对于共同体的看法，包括分析普遍的正义与社会共同体的利益、多元文化和差异政治等存在争议的思辨性问题。论证了群体文化身份对于个人、国家的价值所在，对相关代表人物的思想进行了梳理并提出了社群主义对民族国家建构的理论贡献。

第六部分，多元文化主义理论中的民族国家建构思想。本部分梳理了当代多元文化主义中关于民族国家建构的相关理论。首先，对多元文化主义的内涵进行了界定并阐释了多元文化主义的不同类型。其次，对多元文化主义思想家的民族建构主张进行了述评，作者比较认同金里卡的理论所以进行了重点论述，认为一种差异的公民身份并不会对国家造成分裂，反而是对平等的公民身份的有效补充，是民族建构中回应族群诉求的正确反应。

2. 研究的重点难点

（1）重点：①民族建构的涵义与本质；②国家认同与民族认同的关系；③对当代西方学者关于民族建构理论思想的归纳提炼；④对现代公民身份与民族建构方式的研究；⑤提出一种具有公正、民主的价值理念，符合族际整合民主化要求的民族建构范式和思考框架。

（2）难点：①限于资料收集途径的有限制性，难以及时归纳西方学者提出的最新观点；②由于认识视野、文化背景上的差异，对西方相关研究资料的消化理解难免存在偏差；③以公正与民主为核心的民族建构范式和思考框架的提出，及其适用性有待检验。

（二）主要观点和创新之处

1. 主要观点

本研究的基础分析理论是族群理论。族群理论是西方社会科学研究民族问题的一套主流理论，把国家内的族裔群体分为两个层次，最高层次的就是民族或者国家，民族这一人类共同体突出政治性、建构性，是由民族国家建构出来的；较低层次的就是族群，族群强调其文化性、原生性，这是最为普遍的一种分类方法和研究范式。在国内由于民族理论研究受到苏联理论的影响，对民族的定义一般采用斯大林的观点，所以把国家内各个层次的族裔群体统一称为民族，如中华民族既指国家民族（56个民族的统一体），也指我国56个民族中的任何一个，这个概念具有极大的包容性。但由于本文分析的对象是西方语境下的民族问题，并且西方民族国家的民族问题更为复杂，如移民、原住民与跨境民族问题等，所以只能采用族群理论作为分析的基础。

民族建构（Nation Building）指国家用建构的价值、理念及建立在现代性基础上新的文化作为纽带，将特定区域内的人建构成一个新的共同体，使现代国家获得广泛的政治认同。民族国家是民族建构的主导者，对民族建构的研究要把握住国家这一中心，认识到民族建构就是要协调好族群与国家的关系，要通过民主、公平、正义的方式来进行。其中，国家认同、民族认同与族群认同三者的关系是核心问题，民族建构的实质就是以民族一体化为目标，在这个过程中通过具体的民族政策、措施协调好族群为保持自己文化特性的诉求和民族国家要求一体化之间的张力。国家作为一个政治共同体，它的稳定是个人福祉的基础，所以自古希腊时期西方思想家就开始思考这一共同体的优良运转问题。在欧洲历史上民族国家在契约论的基础上伴随着现代化而产生，国家和族群的关系一直处于动态的矛盾中，并且呈现出复杂化、长期化的趋势，这些现实情况使得民族建构问题成了当代政治哲学思考的一个核心问题。

本研究认为民族建构随着民族国家的诞生而开始，即使中外都经历了一个由不民主到民主、由强制同化到多元化自由发展的过程。民族建构的核心就是国家认同的建构问题，协调好族群认同与国家认同之间的矛盾是关键。国家认同建构需要通过“强势的认同”来实现，这样才能维护好国家政权的合法性基础，即把政治认同和文化认同统一起来：一方面，正确认识族群认同的价值和作用，通过合理的族群政策把多元的族群认同统一到民族认同之中，进而强化个体对民族认同的归属感、忠诚感；另一方面，通过平等的公民身份把具有不同族群身份认同的个体统一到国家社会生活中去，强调宪法规定的个人平等权利与国家是个人平等权利的保护者，拥有权利就意味着要履行义务，所以要突出个人对国家的责任、义务和依赖感。

本研究客观地分析了民族主义的本质。认为民族主义是一种强大的号召力，并且在现代化的今天，民族国家的生命力依然强大，并没有被各种超国家组织所替代，民族主义并不是洪水猛兽，可以引导好民族主义为民族建构贡献力量。民族主义学者认为民族是国家建构产生的，没有国家就没有民族，也就没有民族主义，并主张“一个民族，一个国家”这种纯粹的民族国家建构理论是无法实现的。此外，把人类学的族群概念引入到民族问题研究中，认为族群是原生的文化共同体而民族是由国家建构的政治共同体，细化了族群、民族、国家之间的关系，这一主张从学术的角度来说是可取的。

通过分析可以看到西方的多元文化主义作为一种民族建构的理论，使西方国家肯定了少数群体的权利，以一种承认并保护的政策取代了以同化为目标的民族建构政策，促进了协商民主制度的发展，并且完善了公民身份理论；同时，作为一种具体的民族建构政策，多元文化主义政策有效地缓解了国家与族群之间的张力，在澳大利亚、加拿大、瑞士等国都取得了成功。所以，本研究认为族群文化有其存在的价值和作用，民族建构仅仅靠公民身份这种政治纽带是不稳固的，要强调个人对国家的归属感、忠诚感，发挥好以文化为基础的民族认同的作用。在民族国家建构中国家要承认少数族群文化的合理性，并提供必要的政策、措施给予支持。

本研究认为当前民族国家的权力虽然出现了让渡的趋势，但是却没有出现任何消亡的迹象，民族国家仍然是当前国际关系中的基本单元，也是民族建构的主导者与民族利益的主要维护者。当前民族国家建构实现民族一体化的总趋势虽未改变，但阻碍性的因素则呈现出多元化发展：其一，在全球化的浪潮中，经济一体化已经成了一个不可逆的趋势，世界越来越成为一个地球村，使得民族国家面临着新的挑战，比如恐怖主义、移民问题、贫富差距问题等牵涉每一个国家；其二，国家内部族群意识受到第三次民族主义浪潮的影响而觉醒，使国家认同不断受到族群认同的侵蚀；其三，传统的国家中心论观点和国家干预模式已然不能满足理论和现实的要求，出现了后民族结构和全球公民社会理论。

因此，民族建构是一个长期的过程，必须适时地对民族政策进行调整，才能协调好国家认同与族群认同、多元文化与国家一体的关系，面对各种“反民族国家”理论的严峻挑战，民族国家要实现族际关系的民主化，重塑国家认同来强化合法性基础。一是不断推进民主政治发展，辩证地维护好族群间的平等关系；二是发挥好民族主义的凝聚作用，正确看待公民民族主义；三是珍视共同文化的价值，打造出统一的民族文化；四是发挥好公民教育的社会化作用，促进现代公民意识的形成。

总之，民族建构必须采取多元一体的格局来作为族群整合的路径，通过建构国家民族的形成、巩固多民族国家的民主政治制度、提高多民族国家的经济发展水平、促进多民族国家统一文化的产生来实现。民族建构的中西方研究范式是不同的，国内主要从马克思主义的民族理论出发，在国家中心论、支配主义的基础之上，“异中求同”地探讨促进民族统一及国家一体化的各种政策。西方则是在自由主义的个人主义、社群主义的公民社会理论、多元文化主义的差异公民身份理论、现代性理论、依附理论的批判和重构中“和而不同”地不断渐变革新。通过借鉴西方多元文化主义“多元和谐共存”的理念可以看出，一种民族建构问题的合理范式和思考框架，其价值理念和路径选择必然立足于公正、民主之上，要把“善治”理念运用到民族建构之中，把“多元”与“一体”理解为一种相辅相成的关系，在多民族国家中构建出一种和谐、平等、民主的族际政治。

2. 创新之处

（1）研究角度独特。本研究通过概括当代西方政治学关于民族建构的研究成果，对民族建构问题开展了深刻的哲学思辨分析，与传统的民族主义或者国家中心论的研究范式有所不同。

（2）研究内容新颖。本研究从当代西方政治哲学的基本价值出发，较全面地反映了当代西方民族建构理论的学术前沿，通过深入的理性思考把这些成果在博采众长的基础上贯通起来，以期从理论上为今后学者分析民族建构问题提供一个必要的基础。

第一章

民族国家建构的理论逻辑：以认同为中心的正当性论证

当代的民族国家无论其政权组织形式、国家结构如何，从国家民族的成分来分析，民族国家作为一个族类共同体都是由多个族群所组成的，民族主义所主张的“一个民族，一个国家”的梦想始终都是虚幻的，由于族群的多样性决定了国家普遍具有文化多元的特征。随着全球化、现代化的发展，移民、跨境民族现象日趋普遍，使得世界上绝大多数的国家都是多族群国家，不同的族群居住于一个明确的疆域内，共同认可一个超绝于社会层面上的政治共同体的权威性。所以，民族国家建构有着国家建构和民族建构两个要义，世界范围内绝大多数民族国家都不同程度地实现了国家建构目标，即政治体系的现代化、民主化、理性化。但由于现阶段族群意识的觉醒，族群间矛盾与族裔分离主义不断对民族国家的团结稳定进行冲击，在民族建构的道路上依然任重道远。

民族国家建构问题，首先要明晰关键概念的含义，这样才能避免产生不必要的争议。由于民族、族群、国家建构等概念的含义至今都是歧义丛生，同时又是民族国家建构研究的关键概念，所以有必要进行明确的说明。尤其是民族既有文化属性，也有政治属性，民族的二元属性极易导致误解和误用，所以，“如果我们想要理解政治、族群和民族主义之间的关系，就需要澄清族群和民族的概念，需要认清族群在国家形成的历史中的重要性”。[1]

概念性问题研究是十分重要的，尤其针对族群和民族的概念及相互关系问题，郝时远教授认为“概念是理论的支点，没有基本的概念体系，就无法论证理论的逻辑关系”。[2]对族群概念的界定可以为研究族群多元化的实际和民族国家建构提供一个新的研究视角，并且根据西方的族群理论研究脉络，为民族建构中出现的族群不平等、族群冲突问题提供具有可操作性、实践性的理念与措施，实现在民主、公平、公正的理念下不断推进民族一体化建构。

一、族群与民族的关系辨析

族群（ethnic group）是自20世纪80年代末从西方学术界传入国内的，是研究西方社会学、民族学、政治学等学科分析民族国家建构、民族主义、族群关系等问题的一个基本的、核心的概念。但我国社会科学研究中的基本概念为“民族”，由于其内涵相当宽泛，“‘民族’这个概念，在现代汉语里使用的范围很广。西方语言用不同词语表达的概念，中文都用‘民族’一词表达”。[3]所以，对于民族国家建构（nation-state building）的研究首先要明确族群和民族概念之间的区别和联系，以及中西方理论中的不同之处，才能对民族国家建构进行全面、准确的了解。

---

〔1〕［英］安东尼·史密斯：“文化、共同体和领土——种族与民族主义的政治学”，载《马克思主义与现实》2009年第4期。

〔2〕潘蛟：“‘族群’与民族概念的互补还是颠覆”，载《云南民族大学学报》（哲学社会科学版）2009年第1期。

〔3〕宁骚：《民族与国家：民族关系与民族政策的国际比较》，北京大学出版社1995年版，第4页。

“族群”（ethnic group）是一个研究民族理论、追求族际平等的新词汇，与传统的对人类群体按血缘、肤色差异进行区分的“种族”分类不同，强调的是人类群体在地域、语言、文化背景之间的区别。根据传承下来的文化、语言等因素的差异性来进行分类，由这些差异性而形成的自我认同感是族群相互区别的主要依据，“它从地域上通过栖居和相邻而居而整合，在文化上通过语言、习俗传统的共同性而整合，但还没有在政治上通过一种国家形式而整合”。〔1〕本文认为可以把族群概括为是“一群意识到自己拥有与其他群体不同的历史记忆、不同的神话和祖先、不同的共享文化与居住地的人类”，〔2〕是在客观因素基础上由主观认同而形成的社会群体。族群在民族国家中指民族内部的支系，既包括一国中占人口多数的多数族群，也包括人口数量较少的少数族群，以及跨越民族国家边界的人群范畴。族群文化的多元化特征，决定了族群这一历史现实存在是难以被忽略的，其存在是客观的、合理的。

“民族”（nation）作为一个内涵丰富的词汇，强调的是国家层面的人类共同体，这一群体拥有共同的领土、政治法律、历史传统、公共文化，是根据共同的语言、情感、习惯、领土等因素人为建构出来的人类共同体。吉登斯认为民族有很强的政治性，是伴随着民族国家出现的，是现代国家的特有属性，“民族指居于拥有明确边界的领土上的集体，此集体隶属于统一的行政机构，其反思监控的源泉既有国内的国家机构又有国外的

〔1〕［德］尤尔根·哈贝马斯著，童世俊译：《在事实与规范之间——关于法律和民主法治国的商谈理论》，生活·读书·新知三联书店2003年版，第657页。

〔2〕张寅：《多元文化背景下的民族国家建构》，云南人民出版社2015年版，第28页。

国家机构”。[1]“民族是想象的政治共同体，本质上是有限的并且享有主权”[2]，突出了民族的政治性、建构性色彩。国内很多学者把“民族”称为“国族”，是政治建构的产物，“所谓国族，即国家民族，也就是取得国家形式的民族”。[3]

族群与民族之间的差别为：族群是在个人的主观信念或者说自我认同上构成的，其身份是与生俱来和难以改变的，是个人对群体的归属感与情感上的依赖。族群一般居住于民族国家的疆域内的某一部分，或者没有固定的居住地，是随着人类社会的发展而形成的真实的存在，族群之间的区别最为根本的是文化与语言上的差异，并且族群之间形成一个新的族群或分离为更多族群是普遍现象，一般没有政治目标。而民族是由政治共同体所建构出来的，是情景性与工具性的统一。民族作为国家民族具有共同的语言，其居住地与国家疆域具有一致性，有着相同的政治权利与义务，具有明确的政治目标，一旦形成就相对稳定，是国家政治合法性的源泉。总之，族群具有主体性、地方性、原生性、文化性、流动性等特征，而相比较而言，民族具有客体性、整体性、政治性、建构性、固定性等特征。

二、民族国家建构：历史与逻辑的统一

（一）民族国家的本质特征

民族国家（nation-state）作为一种现实的国家形式，是由民族（nation）与国家（state）结合而产生的，是一个复合概

〔1〕［英］安东尼·吉登斯著，胡宗泽等译：《民族—国家与暴力》，生活·读书·新知三联书店1998年版，第141页。

〔2〕［美］本尼迪克特·安德森著，吴叡人译：《想象的共同体：民族主义的起源与散布》，上海人民出版社2005年版，第6页。

〔3〕周平：“民族国家与国族建设”，载《政治学研究》2010年第3期。

念。民族获得了国家的外壳，获得了内外部暴力工具的保护，成了拥有主权的民族共同体；同时民族共同体的建构，使得国家获得了统一的政治认同，这成了国家统治合法性的来源，也使国家获得了民族的特性。所以“民族国家不是臆造的产物，而是为解决国家在其发展过程中面临的现实矛盾而创建的一种国家形态”。〔1〕可以把民族国家定义为“建立起统一的中央集权制政府的、具有统一的民族阶级利益以及同质的国民文化的、由本国的统治阶级治理并在法律上代表全体国民的主权国家”。〔2〕

从其定义上可以看出，民族国家作为一种现代国家形态，具有中央集权化、民族与领土统一化、文化同质化、统治强制性化、权力合法化、行政机构科层化等特征，是人类社会发展迄今进行社会管理、民族建构最有效的政治组织单位。根据国家主权的对内、对外双重属性，民族国家履行着对内的社会治理职能，不断加强国家的一体化；对外职能就是在独立自主、领土完整的条件下与他国开展平等的国家间交往活动。

从其历史起源上看，民族国家并不是概念化或者是虚构的，而是人类社会发展的阶段性产物。1648 年《威斯特伐利亚条约》的签订，承认了国家独立的主权、领土，标志着现代民族国家的发端。18 世纪的西欧民族国家成了世界范围内国家的主导模式，到 20 世纪扩展到全球，成了国际政治的基本单元。根据吉登斯的观点，人类政治共同体的发展经历了三个不同的阶段：经历了有边陲无国界的传统国家；经历了具备了一定理性

〔1〕 周平：《多民族国家的族际政治整合》，中央编译出版社 2012 年版，第 13 页。

〔2〕 宁骚：《民族与国家：民族关系与民族政策的国际比较》，北京大学出版社 1995 年版，第 269 页。

因素，具有统一政治、经济、文化基础的绝对主义国家；最后形成了具有明确的边界意识，统一的民族意识与高度密集的行政机构的民族国家，也就是学界普遍认可的现代国家。

民族国家现今依然是国际社会的行为主体，也是国家内部的合法统治机构，虽然出现了超越国家层面的一体化组织，但是“民族国家仍然是唯一得到国际承认的政治组织结构”。[1]

民族国家的核心在于主权和认同，是“以民族对国家的认同作为基础的主权国家”，[2]这是民族国家之所以能够存在的最基本的要素。也有学者把民族国家界定为现代国家，并认为“界定现代国家的关键是主权合法性，进而认为现代国家的双重特性为民族—国家与民主—国家”。[3]

（二）民族国家建构的目标和任务

民族国家建构要求公共权威和民族认同的同步发展，是一个动态的、长期性的过程，是人类历史发展和理性选择的统一。其建构会受到现代世界体系以及国家内部国家与市场、国家与社会关系的影响，由国家建构和民族建构两个既紧密联系，又相互制约的部分所组成，“民族建构和国家建构往往相互为用，民族建构通过国家的权力使特定的文化价值观制度化，国家建构则从民族建构中获得国民的认同和社会凝聚力”，[4]二者共生互动，彼此渗透，不可分割。国际关系的嬗变、国家间的竞争合作与国内政治、经济环境的变化要求民族国家要不断进行国

---

〔1〕［英］安东尼·史密斯著，龚维斌、良警宇译：《全球化时代的民族与民族主义》，中央编译出版社2002年版，第122页。

〔2〕周平：“对民族国家的再认识”，载《政治学研究》2009年第4期。

〔3〕徐勇：“‘回归国家’与现代国家的建构”，载《东南学术》2006年第4期。

〔4〕王建娥：“国家建构和民族建构：内涵、特征及联系——以欧洲国家经验为例”，载《西北师大学报》（社会科学版）2010年第2期。

家建构与民族建构，这个过程不是一蹴而就的，要对这些关系进行适时调整，从而实现政治、经济、文化、民族之间的高度协调统一。

民族国家建构的目标可以概括为五个方面，即主权明确化、政治民主化、经济一体化、族群平等化、文化多元化。这五个相互联系的建构目标在民族国家建构过程中是同时推进的，虽然具体国情决定了在某一阶段建构的重点有所不同，但是总体来说都是依靠国家建构和民族建构两条途径进行的。国家作为建构的主体在其领土范围内通过相应的政策、制度，为实现民族国家建构的这些目标而不断努力。国家建构为了实现政治制度的稳定与领土完整，需要实现政治权力与其领土面积的重合，而民族建构为了保持政权的合法性，需要把其疆域内具有不同文化背景的族群进行整合并建构出统一认同。

国家建构作为民族国家建构的主要任务，就是政治权力集中化、法制化、民主化的发展过程，通过不断完善国家制度设计，发挥好国家作为公共权力代表的职能，处理好国家与社会、市场之间的动态关系，使其合理化，通过强制性的约束手段，使社会被国家权力所渗透，让其成员都能拥有平等权利并承担相同的义务。国家建构的对象是国家政治制度体系的建构，围绕国家权力来追求政治制度体系的现代化、理性化这个目标，使国家与社会、市场之间的关系趋于和谐，也就是我们所说的国家治理模式现代化，具有历史连续性的特征。限于篇幅所限，本文所讨论的民族国家建构仅是民族建构方面的问题。

民族建构就是把民族国家内多个拥有不同文化的族群通过具体的制度和政策建构成一个拥有统一文化、政治特征的共同体，就是民族认同形成与民族一体化的过程。民族建构的成效会直接影响到国家的政治稳定，国家政治一体与族群文化多元的关系如果处理不当，政治共同体就会面临解体的危险。在民族建构中族群与民族、族群与国家、族群间关系问题尤为重要，实质是为了维护国家权力的合法性，核心是民族认同与国家认同的建构，从而把族群建构为统一的民族，并使国家认同能持续保持至上性。

民族建构的任务随着人类社会的发展变得日益复杂、艰巨与漫长，全球化的发展使得移民、跨境民族的现象普遍化，民族主义所追求的“一个民族，一个国家”的梦想至今没有实现，以后也不可能实现。同时，由于各国社会、历史条件的不同，国家的建立与民族建构存在时间上的不同步性，有的国家建立之前民族已经存在，如法国、德国等同质巩固型欧洲国家；有的国家是建国与民族建构同时开展的，如美国、澳大利亚等移民国家；有的国家则是国家建立后才开始民族建构，如非洲、南美等获得民族解放的第三世界大部分国家。

（三）民族建构措施的演进：由不民主到民主的发展历程

当前各国文化多元化的价值得到了重视，少数族群也提出了超越文化层面的利益诉求，族际关系要求得到更为民主、公平的对待，所以在民族建构的具体措施上虽然国与国之间存在一定的差异，但总的来说都经历了一个由不民主到民主、由强制到自由的过程。从民族认同建构与对待族群文化的态度可以把西方民族国家的民族建构措施分为三类：

第一是差别与排斥政策。这种政策是人类历史上各类型民族国家所普遍采用的一种模式，通过具体的种族歧视、种族隔离、种族灭绝等政策和措施，以不民主、不平等的方式区别对待具有不同文化、语言、肤色的族群，其目的是维护掌控国家权力族群的优势权利和地位，这部分人可能是国家中的多数，也可能是少数，关键看是否掌控了国家政权。希特勒时期的德国把种族灭绝、驱逐政策演绎得淋漓尽致，对德国境内的犹太人进行了大肆屠杀，驱逐；在南非、美国等移民国家，种族歧视与隔离政策也是主要手段，引起了黑人、墨西哥人等移民的不满。这一系列差别与排斥政策极易导致族群之间、族群与国家之间的矛盾与冲突，在第二次世界大战后淡出了人们的视野，但在政教合一性质的伊斯兰世界的国家中依然存在。

第二是同化主义政策。西方移民国家普遍采用同化主义政策来进行民族建构。为了建构出统一的民族共同体，国家政权会依靠自己不可忤逆的力量企图通过公共文化，来促进族群融入主流社会的政治、文化生活中，具有明显的文化霸权主义色彩。移民新建型国家由于在建国之初并没有传统悠久的文化，可以轻易地打造出一种公共文化，所以在一定时期内同化主义政策是一种有效的民族建构手段。美国在20世纪采取了熔炉政策，企图使外来移民放弃自己的身份归属，“凡是不属于盎格鲁-撒克逊新教白人的人，都被要求接受美国的盎格鲁-新教文化及其政治价值观，而成为美国人。这对他们有利，也对国家有利”。[1]同化主义政策根据其发展阶段可以分为强制同化与自然同化两种，无论是强制同化还是自然同化，20世纪80年代前西方国家的同化主义政策都具有制度性不平等的特征，被同化的族群只能非自愿地放弃自己的文化特征，从而遭致了不同程度的反对，并极易催生族裔分离主义。

第三是多元文化主义政策。由于同化主义政策没有达到预期目标，西方国家在族群文化多元的现实情况下，继承和发展了自由、平等原则，追求事实上的平等。主张要通过族际关系民主化的方式来改变之前存在的制度性不平等状况，对族群的

---

〔1〕［美］塞缪尔·亨廷顿著，程克雄译：《我们是谁？——美国国家特性面临的挑战》，新华出版社2005年版，第53页。

文化给予平等的承认，由于主导族群预先制定了权利规则，在教育、就业、语言使用等各方面都拥有优势，使得其他族群在一开始就难以获得平等的机会，多元文化主义政策以“差异的公民身份”使弱势族群获得诸如自治、特别代表制等特殊的权利，以弥补平等的公民身份造成的隐性歧视。这一民族建构政策首先从加拿大开始，澳大利亚、新加坡、瑞典等国政府也制定了相应的具有多元文化理念的民族一体化政策和措施，实践证明多元文化主义政策可以有效地缓解族群文化差异造成的族群之间以及族群与国家间的矛盾，并且有利于在公正的原则上建构出统一的民族认同。

事实证明通过消除族群文化差异、弱化族群认同的民族建构方式已经不符合时代的发展要求了，大多数民族国家都放弃了强制同化的民族建构措施，转而采取了更为平等、自由、公正的多元文化主义理论和政策。总之，民族国家内的族群如果不能得到公正的对待，获得平等的公民权利以及对事实上不平等的补救，他们对国家的认同就会不断弱化，在条件允许的情况下族群认同就有可能超过国家认同，这个时候就会产生对国家的离心力，成为族裔分离主义的根源。

三、身份认同：理解民族国家建构的重要工具与价值

从国家认同的塑造上看，认同问题的关键不是多少的问题，而是先后顺序的问题。在民族国家中个体拥有多重认同是普遍现象，尤其是族群成员在社会化过程中更容易形成多重认同，并能够在社会交往中根据需要选择自己认为合适的身份认同。民族国家建构中国家认同、民族认同、族群认同相互依赖又相互竞争，三种认同形态涉及族群发展、族群间关系、族群与国家关系三方面内容，是民族国家建构中最核心的三种认同。国

家认同的塑造只要个体把国家认同居于首位，把国家这个政治共同体作为效忠、归属的对象，那么其他身份认同的存在并不会产生对国家认同不利的影响。个体认同的多重性决定了国家认同、民族认同、族群认同的关系既矛盾又统一。民族建构要妥善满足少数族群的利益要求，建立起有效的政治诉求通道，通过民族认同和政治认同二者的协力来保证国家认同能得到少数族群的承认，使公民的认同感和公共权威同步发展。

（一）国家认同与族群认同的互动关系

认同（identity）最早是一个心理学的概念，随后被引用到政治学、哲学领域中来。“在民族学、社会学、政治学中‘认同’一词一般用来表示个体对自己的特定的群体、组织或者政治单位之间统一性或一致性的确认。”〔1〕个人的认同是多样的，可以认同国家、民族、地域、政权、族群、阶级、宗教、家庭等，在多样性的个人认同中，国家认同处于至上地位，相比较其他认同而言是最高级、也是最重要的认同。个人认同由内外两个层面的因素所决定，一是个体自我的感觉和认知，这是由内到外的过程；二是他人对个体的承认和界定，这是由外到内的过程。这两个因素决定了个人认同的两个特征：归属（belonging）和赞同（approval）。

从定义上看，中文“国家”使用的模糊决定了国家认同的丰富内涵。英语中共有（nation；country；state）三个单词分别指向了国家三个方面的主要特征：民族、地域、主权。这就意味着，国家认同具有广义和狭义之分。广义的国家认同是多重认同的重叠，指国家疆域内公民对共同的民族、共同的地域、共同的主权所形成的向心性和归属感之上的共同体意识，是民

〔1〕 周平：“边疆治理视野中的认同问题”，载《云南师范大学学报》（哲学社会科学版）2009年第1期。

族认同、国家认同、地域认同三方面的统一，是一种强势认同。狭义的国家认同则是指民族认同、国家认同、地域认同三个次共同体认同中的某一种，是一种弱势认同。如有的学者认为“在地域主义和民族主义基础上形成的地域认同、民族认同是削弱国家认同最重要的两股力量”，〔1〕认为国家认同可以重塑，从而把民族认同、地域认同、国家认同统一起来。

总之，在民族建构中所指的国家认同是广义的，是民族国家层面超越其他认同的高级认同，是国家内部公民对国家的归属感和对国家统治的认可，每一个人无论其文化、性别、习俗、种族特征上有多大差异，都是国家这个政治共同体的一员，是基于所属国家共同的领土、共同的主权、共同的历史、共同的文化、共同的理想、共同的信仰、共同的道德等基础之上的认同，是一种具有社会整合作用的政治信念。

民族政治学的理论中族群认同的产生大致可以分为三类：原生论、结构论、建构论。原生论认为族群认同的基础是共同的血缘、文化因素，是先天由这些传统因素决定的，这些因素是族群间相互辨别的指标；结构论认为族群认同的产生以及这种归属感是少数族群在政治、经济、文化资源与社会地位上受到的不平等对待导致的，当不满达到一定程度后就会反弹出各种类型的族群运动；建构论则认为族群认同是人为建构出来的，强调共同的历史背景、集体记忆与共同经验。这三种分类并不是各自特点鲜明的，而是交织在一起互相强化，使得族群的集体认同具有极强的凝聚力。

族群认同是在交往中实现的，个人通过相互之间的接触和交往形成了边界，从而形成了我者和他者的区分。这种区分的

〔1〕 解志苹、吴开松：“全球化背景下国家认同的重塑——基于地域认同、民族认同、国家认同的良性互动”，载《青海民族研究》2009年第4期。

标准就是文化上的差异性，文化归属问题会影响个人自我认同的形成，族群的文化身份以及族群认同是根深蒂固、难以改变的，一个人自出生开始就深深地被打上了族群身份的烙印；而公民身份不同，它不是那么的牢靠和稳定，个体还有机会选择自己的国籍，从认同的角度来看，族群认同与国家认同之间的张力如果不科学地处理，就会使族群认同、民族认同等次共同体认同成为居于首位的认同，那时族群对国家共同体的认同可能是对共同的历史、共同的文化的归属感和荣誉感，是对共同的乡土的依赖之情，而不是对国家的统治权力的认可。

国家认同和族群认同是相互联系的，二者之间既有矛盾的一面，又有一致的一面。民族国家文化多样性的现实决定了国家认同与族群认同之间的关系既和谐又冲突，当二者关系处理得当的时候，民族国家内的族际关系就会表现得和平、友好，相互间朝着融合的趋势发展，国家一体化目标逐步得以实现；反之则会出现族群矛盾、斗争，相互之间朝着分离的趋势发展，国家难免会遭到分裂解体。

1. 国家认同与族群认同具有一致性

这是二者相互依赖的内在统一。从利益上看国家认同与族群认同具有一致性，一方面，族群的自由、平等权利需要国家的保障，族群需要国家对资源、权力进行平等的分配，并且他们平等的权利要得以实现离不开国家的制度保障，这样才能“克服某些个人或群体支配另一些个人或群体的非合法性统治”，〔1〕避免出现族群内部或之间的矛盾与冲突，在相互交流与竞争中由国家建立起一套平等机制。另一方面，国家的统治需要族群的效忠与认同，族群认同作为一种最根本的认同，是国家认同

---

〔1〕［英］安东尼·吉登斯著，赵旭东、方文译：《现代性与自我认同》，生活·读书·新知三联书店 1998 年版，第 248 页。

的前提和基础，族群认同中的文化、历史等因素是国家认同不可或缺的，在各个族群长期交往中形成的共识正是民族国家建立的基础，同时没有族群文化的异质性特征，民族国家之间就无法分野，缺少了相互区别的尺度。

这也是民主政治制度发展的必然趋势。民主政治的精髓在于人民自治，自己管辖自己，权力归属于人民，但是传统民主的理念与民族国家建构之间存在着悖论，密尔就认为“在一个由不同民族构成的国家内，自由制度简直是不可能的。在一个缺乏共同感情，特别是语言不同的民族中，不可能存在实行代议制政府所必要的统一的舆论”。[1]民族国家的出现，提供了统一的市场、共同的语言、共享的价值观，在此基础上族群相互交流达成了共识。随着民族建构的推进出现了包容性民主、审议民主、族际民主化等主张，来解决族群成员由于文化身份背景问题遭受的不公正对待，民主制度的发展不仅要关注个人的平等，也要重视群体间的平等，“民主的讨论和决策制定的基本目标应当是在解决各种问题的过程中促进正义”[2]，这样“民主可以赢得其公民自然的而且合乎理性的忠诚”[3]，赢得族群成员的忠诚与献身。

这是现代公民身份的有效补充。维系现代国家的最重要的政治纽带就是公民身份，这种居于平等的公民权基础上的政治认同可以把语言不同、文化各异的族群通过大家都认可的方式统一起来，但随着全球化的扩展，民族国家间的交流日益频繁，

---

〔1〕［英］约翰·密尔著，汪瑄译：《代议制政府》，商务印书馆 2007 年版，第 222 页。

〔2〕［美］艾丽斯·M. 杨著，彭斌、刘明译：《包容与民主》，江苏人民出版社 2013 年版，第 150 页。

〔3〕［美］科恩著，聂崇信、朱秀贤译：《论民主》，商务印书馆 2007 年版，第 232 页。

随之出现了很多不确定的因素不断对国家认同进行侵蚀，而在公民身份同质性的情况下，族群认同成了自我认同的重要来源，“人们与那些拥有相似祖先、宗教、语言、价值观、体制的人聚集在一起，而疏远在这些方面的不同者。”〔1〕此外，国家认同的塑造不仅是政治上的，还要重视共同文化因素的作用，或者说一种完整的、强势的公民身份离不开宪法规定的平等权利，也需要包容族群的文化多样性，因为“在这个日益全球化的世界，公民身份必须得到进一步发展，使之既能包容社会关系的全球化，又能容纳社会体系不断增强的社会分化”〔2〕。

2. 国家认同与族群认同的内在张力

民族主义、社群主义、多元文化主义成了20世纪后半期世界范围内对民族国家建构影响较大的理论与政策，在民族一体化的过程中身份认同问题随着族群成员意识的觉醒，对群体的权利要求不再仅仅是文化上的，而是文化、政治、经济等各方面的集合。同时，社群主义、多元文化主义提出的多重的认同、差异的公民身份对国家认同的建构提出了新的要求，涉及如何利用民主、平等、正义、认同等原则来处理国家建构中遇到的阻碍和矛盾，其中最主要的就是国家认同与族群认同之间的矛盾。

建构性和原生性之间的张力。国家认同无论是狭义的还是广义的都是人为建构的一种认同，而族群认同被普遍认为是原生的，与族群的语言、历史、情感、文化等因素有着密切联系。原生性的族群认同强调的是个人对族群的归属感，这种认同是

〔1〕［美］塞缪尔·亨廷顿著，周琪等译：《文明的冲突与世界秩序的重建》，新华出版社2002年版，第130页。

〔2〕［英］布莱恩·特纳编，郭忠华、蒋红军译：《公民身份与社会理论》，吉林人民出版社2007年版，第16页。

伴随着个人的出生开始并在社会化过程中形成的，一般没有强制性的措施来要求族群成员，体现出更为本质、持久与稳定的特征。而国家认同的建构需要一定的强制力量的推动，首先需要建立一个平等与沟通的基础，其次需要通过法律和制度规范个人的权利和义务，最后需要通过一定的措施形成统一的共识。由于民族国家建构的核心就是建立起强势的国家认同，在这个想象的过程中难免会忽视、削弱原生的族群认同，由此引发了张力。

统一性和差异性之间的张力。国家认同要使国家内拥有多重认同身份的公民始终保持对国家的忠诚和承认，以及民族国家建构要实现的民主化、一体化目标都需要稳定的、统一的条件，比如现代公民身份、建构出的国家民族、和谐的族群关系、统一国家象征资源等，因此，可以说国家认同是一种包容性的认同。而族群认同关注的是族群成员的文化、利益诉求问题，数量众多的族群相互之间的边界是清晰的，族群之间的差异较为突出，因此，族群认同是一种非此即彼的排他性的认同。二者由于政治一体和族群多元之间的矛盾，存在着不可避免的张力，表现为围绕各方面利益诉求所引发的族群与国家之间的矛盾与冲突，国家认同会由于族群认同的强化而被淡化乃至取代。

法理政治与文化传统之间的张力。国家认同是民族国家权力合法性基础的直接来源，民族国家作为现代国家的基本形态，其权力合法性来源已经发生了根本改变，韦伯认为现代国家的统治是法理型统治，这种法治的理念体现为限制和约束国家的权力来保护个人的自由和平等。把族群和国家联系在一起的现代政治基础就是公民身份，公民身份通过政治和法律制度把具有不同文化背景的族群整合到国家共同体中，这种以政治平等为目标的政治工具建构了个人平等权利之上的新型归属感，通过法理型建构来实现公民对国家的忠诚与承认。族群认同则是一种族群共同历史、文化、习俗之上的归属感，从族群内部来看就是一种传统型的权威〔1〕，核心在于连续性传承下来的共享的习俗和传统。法理型的合法性统治才是符合政治发展趋势的，所以具有法理特征的公民认同与具有传统特征的族群认同之间存在竞争关系。

（二）国家认同建构的双向逻辑

国家认同与民族认同产生的时间先后从理论上是难以断定的，只能结合实际情况进行考察。从民族国家的发展史来分析，民族与民族国家的形成时间上是不一致的，“在民族国家形成的过程中，或有国家在先，或有民族在先”〔2〕，主要有三种情况，即有的民族先于国家形成，先有民族后有民族国家；有的民族与民族国家同时出现；有的民族是在民族国家建立后再建构出来的，这种国家认同与民族认同不重叠的现象，引发了民族国家建构中的“认同危机”。另一方面，民族国家的建立成了一种普遍的国家形态，国家的权力与领土相一致，其暴力全范围覆盖了领土，并且，现代民族概念中共同的地域是关键因素，使得地域认同在民族国家建构的任务中逐渐被民族认同的功能所取代。因此，民族认同和国家认同成了影响民族国家政治整合与国家统一的关键性因素。

通过上述阐述，可以把国家认同的维度分为两个方面，一个是文化认同，另一个是政治认同，“它既可以是文化先赋性的，也可以是政治选择性的”〔3〕，就如安东尼·史密斯把民族

---

〔1〕参见［德］马克斯·韦伯著，林荣远译：《经济与社会》（上卷），商务印书馆1997年版，第241页。

〔2〕［德］尤尔根·哈贝马斯著，曹卫东译：《包容他者》，上海人民出版社2002年版，第125页。

〔3〕周光辉：“国家认同的规范之维”，载《学习与探索》2016年第8期。

国家特征归结为共同的集体情感与共同的公民权利一样。[1]文化认同也就是民族认同，即对“国家民族”的认同，是通过文化、地域、语言、历史等文化纽带联系在一起的民族共同体；政治认同，即对“国家主权”的认同，是通过平等的公民身份这一政治纽带联系在一起的政治共同体。民族认同与国家认同的统一，维护了国家认同的至上性，在此基础上国家认同具备了强大的凝聚力和感召力，国家认同作为民族国家权力合法性的泉源，与民族主义一样有着重要的意识形态教化功能，是国家稳定与统一的关键黏合剂。反之，当民族国家内部族群矛盾激化，国家政权合法性受到削弱之时，国家认同就会由强势转为弱势，族群对民族共同体的向心力和归属感会持续加强，对国家权力的忠诚感和依附感则会不断减弱，极易造成国家政权的更迭或者国家的分裂。总之，国家认同有着与国家共同体中民族认同、地域认同、族群认同等多重认同之间的动态关系，具有可塑性、矛盾性、至上性、重叠性、统一性等特征。

而族群的身份与族群的文化是难以被抹灭和同化的，“文化归属影响其他人如何看待和理解我们，这反过来又影响我们的自我认同。从这个意义上讲，文化归属是‘一种高显的社会坐标’”[2]。所以，民族国家建构在对待族群的多元文化状况和族群所提出的保存和发展自我文化的权利要求时，一定要公正地满足族群的文化权利要求，承认族群文化多样性的价值并包容他们的差异性，不应该用权力手段强制性地倡导某种价值观、生活方式，而是要通过族群自己的发展、让他们自己选择融入

---

〔1〕［英］安东尼·史密斯：“民族主义的理论”，宁骚译，载《民族译丛》1986 年第 1 期。

〔2〕［加］威尔·金里卡著，马莉、张昌耀译：《多元文化的公民身份——一种自由主义的少数群体权利理论》，中央民族大学出版社 2009 年版，第 130 页。

主流文化，在存在差异的基础上，通过长期的交往而形成共同的价值观、奋斗目标以及相互依赖性，以平等的、自由的方式建构出统一的国家认同。

在民族国家建构的过程中，虽然国家认同与族群认同二者在政治上有共识、利益上有共享、建构中有相互依赖的一面，但在实践中要保证二者关系的和谐需要不断地对民族建构的理念、政策进行调整。族群认同与国家认同之间交叠、互动的张力是主要的一面，这是由族群文化多样性与国家一体化之间的矛盾决定的。随着现代化、全球化对民族国家的影响，当前民族国家建构中出现的族群身份与公民身份、民族认同与国家认同不重合的现象越来越常见，已经影响到民族建构的一体化进程。尤其是在族群平等问题没有得到妥善解决的情况下，难免会引发国内族群矛盾和冲突，处理不当极易进一步发展成族裔分离主义，使国家面临解体的风险。苏联、南斯拉夫就是鲜活的例证。

总之，在民族国家建构中要建构出强势的国家认同，一方面要强调具有平等契约精神的公民权利与义务，另一方面要从共同的语言、历史、文化中打造出共同文化，使族群都能从中找寻到共同的价值观与归属感，把作为政治纽带的公民身份与作为文化纽带的共同文化相结合，调节国家与社会的矛盾，不断增强统治的合法性基础。

四、对国家认同的一种强化途径：差异公民身份

现代意义上的国家自西欧产生以来，便将一系列文化要素如语言、艺术、饮食习惯、生活形态、教育理念、社会习俗等与民族的概念相结合，并透过国家和其政府机构的社会与经济动员，不断强化族群对国家的归属感。民族国家的形成就是国家一方面将公民权利与利益普及到社会各个阶层，另一方面是

赋予公民诸多独特的共同价值、语言与历史的过程，即公民权利与文化认同共同作用的结果。在民族国家的建构过程中公民权利与文化认同二者是难以分割的。族群差异的权利主张具有正当性，差异的公民身份是对现行平等的公民身份理论的有益补充，可以有效缓解族群认同与国家认同之间的张力。差异的公民身份的合理性在于以下几个方面：

第一是文化多样性是有价值的，族群文化对其成员的自我认同、理性选择是一种重要的“善”。追求所谓的美好生活要依赖自由和理性选择，正确的选择必然要靠文化环境所打造的价值观来判断利弊与对错。正如金里卡认为的“在决定该如何规划我们的生活时，我们不是另起灶炉、从零开始，而是从研究和考察确定的生活形式中开始的。……因为具体的选择范围是由我们的文化遗产决定的”〔1〕。

第二是自由主义的平等、中立性原则忽视了少数群体的弱势地位，主体族群的价值观必然会导致隐形的制度性歧视，成了族群间不平等的根源。少数群体要求被承认，不仅是对不平等、强化的同化政策的反应，也是希望能在各类生活中获得平等参与的机会。对于少数族群的文化差异，给予行为上的包容、法律上的接受、态度上的尊重是必要的，这种承认符合自由、平等、民主等价值观的要求。泰勒认为无论是有意还是无意，恶意还是善意，拒绝认同或是错误的认同，都会造成无比的伤害甚至是一种压制。〔2〕

第三是历史协定是维护民族国家统一的有效保证。社会契

---

〔1〕［加］威尔·金里卡著，应奇、葛水林译：《自由主义、社群与文化》，上海译文出版社2005年版，第157页。

〔2〕 Charles Taylor, “The Politics of Recognition”, in Amy Gutmann ed., *Multiculturalism*, Princeton: Princeton University Press, 1994, p. 25

约论认为正是出于对个人自由、财产等权利的保护，人们把权力进行转让签订契约，按一定的规则行使权力并承担义务而组成了政治共同体，民族国家要坚守契约精神，不能随意割断国家与族群在政治、经济、历史上的联系，这种承诺关系到族群对国家的认同感、归属感。

通过以上分析可以看出，文化在民族国家建构中能起到决定性作用，无论是多元的族群文化对于个人、族群的价值，还是民族文化对于民族国家的价值都是意义非凡的。民族国家被认为是“两种不同的结构和原则的融合，一种是政治的和领土的，另一种是历史的和文化的”[1]，这就意味着民族国家建构目标的实现需要两条纽带来共同维系，一条是政治纽带，另外一条则是文化纽带，二者缺一不可，不然只会形成一种“弱势认同”，在一些因素影响下会引发不利于国家一体化的情况产生。国家认同至上性的维系需要政治认同与民族认同相统一，政治、地域、文化、语言上的一致性使得国家权力合法性基础被不断强化，借以形成以爱国主义为目标的民族情感，这种以团结一致为目标的意识形态是强势的国家认同所不可或缺的。

政治纽带是国家权力合法性的直接因素，维系这一纽带的是平等的公民身份，是现代国家民主政治的重要部分。为了避免出现自然状态下由于私利引发的人与人之间的斗争，必须借助于一个强大的具有暴力垄断性的机构来保护个人权利，而民族国家出现的现代意义就在于此，韦伯把这种合法性基础称为法理型统治。国家绝对的统治权力是个人权力让渡的结果，同时个人获得了公民身份，意味着每个人都拥有平等的权利、承担相应的义务，国家起到保障这些权利实现与义务履行的作用，

---

〔1〕［英］戴维·米勒、韦农·波格丹诺主编，邓正来译：《布莱克维尔政治学百科全书》，中国政法大学出版社 1992 年版，第 490 页。

并能提供相应的社会福利来满足人的需求，其统治的合法性获得了民意基础，在这个过程中以公民身份为纽带完成了个人对国家的政治认同，即国家认同。

文化纽带是影响国家权力合法性的间接因素，维系这一纽带的是共同的民族认同。民族国家的建立意味着权力和国界的重合，经济市场的一体化以及文化上的趋同，这是国家间一体化的必然趋势。文化纽带是基于共同的历史、传统、语言、习俗、信仰而言的，相对于政治纽带来说文化纽带对人的社会化影响更大，具有强大的凝聚力和向心力且更具稳定性和延续性，一旦形成就难以改变，尤其在国家的外部情况不利之时会产生极强的整合作用。按照哈贝马斯的观点，共同的政治文化与统一文化或者说民族文化对国家认同的建构能起到决定性的作用，因为构建出统一的文化有利于在各异的族群文化间形成普遍共识，“共同的政治文化必须保持强大的约束力，只有这样才能保证公民国家不会四分五裂”〔1〕。为了形成共同的文化纽带，国家需要以共同的文化、历史遭遇、荣誉感等因素来把分散的、文化身份独特的族群整合起来，弱化族群认同的强度从而形成统一的民族认同。

五、文化多元背景下国家认同的建构

当前民族国家建构实现一体化的总趋势虽未改变，但阻碍性的因素则呈现出多元化的趋势。一方面，在全球化的浪潮中，经济一体化已经成了一个不可逆的趋势，世界越来越成为一个地球村，使得民族国家面临着新的挑战，比如恐怖主义、移民问题、贫富差距问题等；另一方面，国家内部族群意识受到第

〔1〕［德］尤尔根·哈贝马斯著，曹卫东译：《包容他者》，上海人民出版社2002年版，第168页。

三次民族主义浪潮的影响而觉醒，使国家认同不断受到族群认同的侵蚀，国家权力合法性基础需要根据族际关系的实际情况，通过相应的措施来进行巩固。

（一）不断推进民主政治发展，辩证地维护好族群间的平等关系

民主原则是一种主权在民的观念，现代国家民主制度的建立要求国家保障社会的公平正义，这就决定了国家政治生活的首要任务是保护好个人的合法权利。族群身份等个人的多样身份认同具有排他性，而公民身份这一政治认同则可以在“陌生人”间建立起团结，实现族群的平等交往。一方面族群间的平等是民主政治建立的前提，另一方面民主政治发展可以维护好相应的平等关系，而其中的桥梁就是公民身份，公民身份一方面使族群成员获得了参与政治统治的权利与资格，另一方面能够敦促国家走向民主与法治。同时，实现族际间的平等仅靠公民身份也是不够的，各国都难免会存在某种形式的制度性歧视，要正确看待族群的政治诉求，不能片面地把族群问题“文化化”，反之要采用多元的公民理论来进行补充，通过相应的法律制度、优惠政策和特别措施来实现事实上的平等，以更为公正的方法促进民族一体化。

（二）发挥好民族主义的凝聚作用，正确看待公民民族主义

民族主义作为一种意识形态、政治主张和心理状态具有“双刃剑”的作用，在民族建构中只能疏导而不能阻碍它的产生和发展，民族主义的凝聚力能够为民族国家建构提供有效助力。公民民族主义强调通过建构出民族认同来维护国家的统一，把民族共同体内的个人视为平等的公民及彼此有着义务的民族同胞，具有建构、一体化的积极意义。族裔民族主义则坚持民族主义所主张的“一个民族，一个国家”的传统主张，提出了各

种族群分离、自治主张，具有分解、碎片化的消极意义。在民族国家建构中，要从国家层面，在传统中寻找共同体成员共同的象征、传统、神话等因素，构建出统一的民族认同，“通过诉求民族性理想来强化社会团结”〔1〕，让公民相信他们彼此间有着义务关系，是“民族”政治共同体中的一员。以民族认同为核心的文化认同与以公民身份为核心的政治认同都要得到同等的重视，“当公民与族裔两种成分之间不存在缝隙时，文化和公民权就会彼此相互加强，国家的作用得到充分实现”〔2〕，这样可以使民族认同与国家认同相统一，民族成员和国家公民相统一，形成牢固、可靠、稳定的强势认同。

（三）珍视共同文化的价值，打造出统一的民族文化

民族认同的形成必然需要统一的社会文化，这种文化具有强大的稳定性、凝聚性，可以使得民族认同、国家认同趋于一致，弱化族群认同对族群成员固化的影响。在法国大革命后伯克就革命对法兰西文化毁灭性的破坏提出了批判，认为革命过于极端而没有认识到传统文化的意义和作用。史密斯也提出如果能使民族国家这个共同体在建构中发挥好共同文化的整合作用，那么民族国家就会变得更为团结与稳定，“当集体认同主要建立在文化成分如种姓、族群、宗教教派和民族等基础上时，认同感最为强烈。而其他类型的集体认同如阶级、地域等只作为利益集团发挥作用，因为在达到各自的目的之后非常易于消融。文化共同体则要稳定得多。”〔3〕

---

〔1〕［加］威尔·金里卡著，刘莘译：《当代政治哲学》，上海译文出版社 2011 年版，第 280 页。

〔2〕［英］安东尼·史密斯著，龚维斌、良警宇译：《全球化时代的民族与民族主义》，中央编译出版社 2002 年版，第 118 页。

〔3〕［英］安东尼·史密斯著，叶江译：《民族主义：理论、意识形态、历史》，上海人民出版社 2002 年版，第 21 页。

（四）发挥好公民教育的社会化作用，促进现代公民意识的形成

民族国家的建构强化了国家的社会管理能力，随着吉登斯所谓的国家反思性监控对社会的全面覆盖，地方性的、宗教性的教育体系要么成了国家意识形态统治的工具，要么被国家权力的渗透彻底摧毁了，公民教育被国家掌控并成为培养核心价值观、灌输国家意识形态、打造爱国主义精神的工具。同时，公民教育要采取通用语言与双语教育并举的方法，促进族际间的交流与沟通，形成价值上的共识，便于族群成员融入主流社会生活中去；教育社会化的功能使得族群成员能熟悉平等、公正、自由等现代政治理念，使他们意识到要维护好自身的权利，需要在相互信任的基础上主动参与国家的政治生活，这样就能起到增进现代公民意识，强化国家认同的作用，使得他们能服从、支持、效忠国家。

第二章

民族主义理论下的民族平等观与民族自决

民族主义问题是一个开放的、富有争议的研究领域，就像安德森认为的那样：“和大多数其他的主义不同的是，民族主义从未产生它自己的伟大思想家：没有它的霍布斯、托克维尔、马克思或韦伯”〔1〕。理解民族主义与民族国家的关系要从历史的角度进行，因为民族主义是一种历史的社会力量，同时也有自己的演进历史，尤其重要的是民族主义与民族国家有着千丝万缕的关系，对国家认同、权力合法性、政治制度设计起着直接作用。民族主义对于民族国家建构来说具有能动的作用，因为“各个国家都有自己的民族主义，都有自己的民族主义发生、发展的历史”〔2〕。因此，“重要的是民族主义的发展形式和程度不尽相同，不能将它们统统塞在一个‘极端主义’的标签之下”〔3〕。

要对民族主义作出一个明确、清晰的定义是极其困难的。民族学、人类学、哲学、政治学、社会学等不同学科都可以作出自己对民族主义的定义，不同学者也可以根据自己的研究方

〔1〕［美］本尼迪克特·安德森著，吴叡人译：《想象的共同体：民族主义的起源与散布》，上海人民出版社2005年版，第15页。

〔2〕徐迅：《民族主义》，中国社会科学出版社2005年版，第12页。

〔3〕［英］安东尼·史密斯著，龚维斌、良警宇译：《全球化时代的民族与民族主义》，中央编译出版社2002年版，第183页。

向与目的作出自己的定义，并且，并不存在一套学界公认的，对民族主义意见较为统一的看法，也没有形成像自由主义、社群主义一样的以学术传统为中心的民族主义学术流派，学界对民族主义的界定、使用及其作用存在很大争议，并且经常含混不清。所以，民族主义是兼容并蓄、无所不包的，是一种社会思潮、一种具体的政治或文化运动方式、一套政治理论或意识形态学说，或者是民族的心理意识活动的外在表现等，可见，要从其内涵与本质上把握民族主义才能做到清晰地理解民族主义的定义，而不是从字面或者断章取义地开展研究。

民族主义与民族国家建构的关系，主要从三个方面入手进行分析。首先，简要介绍民族主义产生的背景、民族国家与民族主义的关系、民族主义的类型与特点，以便能了解民族主义的内涵及其本质。然后，对民族主义视角下的民族平等与自决问题、国家权力合法性进行分析。

一、民族主义的内涵及其本质

民族主义的规范性定义及其特征是难以界定的。因为在很多学者看来它有法国童话中睡美人的一面，普通民众共同努力战胜了腐败君主代表的旧制度，这意味着民族主义自诞生以来，帮助世界所有地区塑造或重塑了历史，使民族主义或许成了某种程度上最为成功的政治纲领；另外，民族主义在 20 世纪却发生了变化，“变成了弗兰肯斯泰因式的任性怪物”[1]，不仅鼓励排斥非我族类，还引发了惨绝人寰的种族灭绝行为。由于对民族主义的研究涵盖了过多的现象，因此，对民族主义的研究最困难之处就是进行精准的定义，为了避免弃本逐末就要从源

〔1〕［美］迈克尔·赫克特著，韩召颖等译：《遏制民族主义》，中国人民大学出版社 2012 年版，第 6 页。

头上进行考察。

（一）民族主义的理论起源

民族主义是人类社会发展到近代的产物，是伴随着资本主义的发展而出现的，一般来说被普遍认为始于18世纪，最早诞生于欧洲，但也有学者如安德森认为民族主义诞生于美洲，以及杜赞奇等人则认为在中国早就存在。早期民族主义与国家、国家认同等观念一样被历史学、政治学、社会学家所认可，并未受到任何批评。

首先，民族主义被认为是法国大革命间接引发的。法国大革命从民族主义的角度而言，是具有榜样作用的，它使得民族作为一种政治力量，一种民众实体登上了政治舞台，民族开始在议会、国会等各级会议中成为一种代表地方的政治力量。“法国革命与法国民族主义中全新的推动和整合思想存在着最精密的联系。这种民族主义崇尚民族的统一，由此来对抗内部数量众多的反抗者，以及抵御保守势力的外部威胁。而对民族主义者而言，最大程度的自治只能通过不受限制的民族国家主权而获得保障。”〔1〕

其次，19世纪20年代德国的浪漫主义是其直接理论来源。这个时期主导整个欧洲思想的是启蒙主义的普世主义和理性主义，而德国的浪漫主义则让人们意识到了民族性格、民族精神对于民族国家的价值，以及价值观是多元的，无法衡量的。德国人赫尔德为民族主义的诞生做出了很大贡献，民族主义一词最早出现于1774年赫尔德的作品中，“他认为人类的责任应该是沿着历史和自然铺设的路线去发展自己的民族，他公开反对启蒙主义，主张民族相对主义，宣称‘每个民族实践不同的完

〔1〕［德］汉斯-乌尔里希·维勒著，赵宏译：《民族主义：历史、形式、后果》，中国法制出版社2013年版，第26页。

美标准，它们是不能比较的'，提醒人们，每一个民族都必须按照自己天生的能力和文化模式去发展"[1]。

最后，民族主义产生的社会条件是欧洲的工业革命和现代化发展。按盖尔纳的主张，西欧工业化的社会使得文化交流变得更为便捷，现代化促进了劳动分工、教育的普及，并把民族主义的思想通过精英阶层传播到大众之中，并且由于科技的进步提高了劳动力队伍的专业性，这些工人能用通用的语言进行自由的交流，工业化开始向外围扩张而摧毁了传统的生活方式，形成了以共同文字和文化为基础的公民身份，这样由于经济收入上的差异导致的阶级的分化、族群的对抗、民族的分裂就会不断升级，最后就会形成两种断裂的民族主义。可见，"现代化由此而侵蚀传统和传统社会，并且将语言和文化作为认同的唯一基础"[2]，由此产生的民族主义改变了欧洲社会的结构。

（二）民族、民族国家与民族主义的内在联系

民族（Nation）、民族国家（Nation-States）、民族主义（Nationalism）虽然词源相近，但它们之间却有着复杂的内在联系，徐讯认为"现代国家是建立在'民族'基础之上的，而民族主义是建立现代国家的历史力量。这就是'民族'和'民族主义'和现代民族国家这一历史现象的一般关系"[3]。但人类历史的发展是双向运动的，既具有普遍性的一面，也具有特殊性的一面。徐迅这种概括性的观点只是看到了普遍性的一面，这是17、18世纪西欧资本主义发展进而促发了民族意识，以及民族国家作为国家形态普遍建立的历史的总结，却没有看到三者

〔1〕 Willian A. 威尔森："赫尔德：民俗学与浪漫民族主义"，冯开文译，载《民族文学研究》2008年第3期。

〔2〕［英］安东尼·史密斯著，叶江译：《民族主义：理论、意识形态、历史》，上海人民出版社2002年版，第67页。

〔3〕 徐迅：《民族主义》，中国社会科学出版社2005年版，第15页。

关系中的特殊的一面。一方面，在地球上的其他板块存在着不同于欧洲民族主义的范式，可能是先有民族后有民族国家，最后才在民族国家建构中出现了民族主义；另一方面，在19世纪之后民族主义出现了畸形的新转变，民族主义开始与原教旨主义、种族主义、恐怖主义等思潮结合到一起，这个时候民族主义成了一种仇外、非道德的象征，成了一种阴谋理论而走向了与民族、民族国家相反的道路上。因此，三者之间的关系是复杂的，很难说明白其出现时间上的孰先孰后。

盖尔纳的理论具有浓厚的社会学色彩，从人类社会结构功能的视角来分析相关民族主义、民族与民族国家的产生。他认为民族主义是工业化的产物，先有民族主义而后有民族，“是民族主义造就了民族，而不是相反”〔1〕，他根据韦伯对国家的定义推导出了国家是民族主义产生的必要条件，“在没有国家的情况下，不会出现民族主义问题。但这并不是说每一个国家都会出现民族主义问题。相反，只有某些国家会出现民族主义问题”〔2〕。可见，在盖尔纳的理论中民族主义是一种决定性的力量，民族主义是创造民族以及民族国家的动力所在，而民族国家是先于民族主义存在的。并且他认为西方社会由农业社会向工业社会的转型与民族国家的出现有着直接关系，这种变化促成了社会的科层化、都市化、同质化，并形成了一种高级文化，即通用的语意系统，便于人们进行沟通，学习这种高级文化与个人的成就直接挂钩，决定了个人的社会地位。正是高级文化的向外输出，从而建立起了现代国家政治形态的雏形。

---

〔1〕［英］厄内斯特·盖尔纳著，韩红译：《民族与民族主义》，中央编译出版社2002年版，第73页。

〔2〕［英］厄内斯特·盖尔纳著，韩红译：《民族与民族主义》，中央编译出版社2002年版，第7页。

安德森的理论具有明显的人类学与区域研究的特点，他认为民族是一种想象的共同体，强调人们的主观感觉，这种共同体是历史的、社会的事实，有很多国家是先有民族而后才建立了民族国家的，由此可以得出民族主义的产生取决于民族和国家，安德森考察了世界范围内民族主义类型的不同模式的源起得出了上述的结论。安德森认为民族国家产生的历史与基督教政教合一权力的崩溃是一致的，正是在对基督教权力的清算过程中，不断地整合地方势力而产生了更大规模的主权国家。在这个过程中他认为语言起到了核心的作用，尤其是资本主义的发展、印刷术的广泛运用和人类语言存在的分歧，成了民族和民族国家诞生的动力，所谓的“印刷资本主义”起到了积极作用，使互不谋面的个体达成了共识，最终形成了“想象的共同体”。

霍布斯鲍姆则同意盖尔纳的看法，“民族主义早于民族的建立。并不是民族创造了国家和民族主义，而是国家和民族主义创造了民族”。[1]他从对欧洲社会历史发展的梳理入手，得出了民族本质上也就是政治共同体的结论，“民族”一词是 18 世纪之后才出现的，并且民族的产生会受到科技进步与经济发展的直接影响。他注意到民族国家的产生来自两方面的因素，一方面是社会上层阶级所力促的结果，另一方面则是民众由下而上形成的强大力量。他认识到历史上人们之间某种传统情感纽带是重要的，其在民族国家建构的社会化过程中会起到决定性的效果，同时，语言在这个过程中起到了桥梁作用，形成一种“民族”沟通网络。

霍布斯鲍姆、安德森、盖尔纳的观点总的来说都是大同小

〔1〕［英］埃里克·霍布斯鲍姆著，李金梅译：《民族与民族主义》，上海人民出版社 2006 年版，第 9 页。

异的，都认为民族是人为建构的，是一种现代化的产物，是人类社会近代历史“演化”出来的，突出工业社会和资本主义发展的社会历史背景，可以归为现代论者。而安东尼·史密斯则认为民族的出现是在族群的基础上重新建构出来的，是人类群体由族群本质地发展成民族的，民族在“共同文化”的基础上穿上了“政治”的外衣，这就是族群-象征论的代表。

民族主义、民族、民族国家的诞生都需要一定的历史条件，那就是资本主义的发展引发的人类近代社会经济、社会的根本变化。无论是被交通革命、工业革命还是印刷革命直接影响，它们都是现代化的产物，这一点是毋庸置疑的，在此基础上民族国家也被称为现代国家。虽然三者之间有着不可分割的关联，但也不能简单化、绝对化、普遍化地理解它们三者之间的关系，不能先验地认为民族主义创造了民族，或者认为民族一定会创造出民族主义；尽管民族国家的兴起与民族主义息息相关，但也存在没有民族主义印记的情况；要充分认识到文化因素在民族、民族国家、民族主义形成中的基础性、纽带性作用；在全球化的背景下已经出现了没有民族的民族主义，这种民族主义无法实现创造一个独立民族的目标。[1]

（三）民族主义的特征、本质及其分类

1. 民族主义的特征与本质

史密斯认为民族主义的基本主张或者说特征主要有六个方面：“①世界由不同的民族所组成，每个民族都有它自己的特征、历史和认同；②民族是政治权力的唯一源泉；③对民族的忠诚超出所有的其他忠诚；④为赢得自由，每个个人必须从属于某个民族；⑤每个民族都需要完全的自决和自治；⑥全球的

---

〔1〕 参见［法］吉尔·德拉诺瓦著，郑文彬、洪晖译：《民族与民族主义》，生活· 读书·新知三联书店2005年版，第20页。

和平和正义需要一个各民族自治的世界。”[1]虽然有着多样化的民族主义意识形态，但都可以从这六个方面找到共同因素，这六个方面可以视为是民族主义的核心原则，构成了民族主义世界的基本框架。并且，他认为民族主义具有“民族自治、民族统一、民族认同”[2]三个理想，围绕这三个理想催生了不同种类的民族主义运动，民族主义最突出的特征在于它有着强烈的建国意愿。

可以从史密斯归纳的民族主义的基本特征来分析民族主义的本质，从本质上来说，民族主义是进步性和保守性、民主性和专制性、理性和非理性以及左倾和右倾的集合体，“民族主义所具有的分裂性和破坏性，仅仅是硬币的一面，这枚硬币的另外一面是大众化的、统一的、团结的特征”。[3]这是因为民族主义内涵的宽泛使其具有无所不包的特性，还具有能与其他理论相结合而拥有强大生命力的特性。总之，可以把民族主义定义为以国家、民族为核心原则的政治原则、意识形态、宗旨或行为，其目的是建立民族国家并为其提供正当性理由，在其发展过程中难免有极端的一面。

今天民族主义经历了若干次蜕变，不再是一种神话或者追求民族大同的思想、一种要求改变所有制关系的民族理念和运动，而是成了民族国家之间的一种竞争手段，表现为国家之间、民族之间、族群之间的合作、融合与冲突。在全球化、现代化的背景下人们意识到民族主义具有建构性的作用，民族主义作

---

〔1〕［英］安东尼·史密斯著，叶江译：《民族主义：理论、意识形态、历史》，上海人民出版社2002年版，第23页。

〔2〕［英］安东尼·史密斯著，叶江译：《民族主义：理论、意识形态、历史》，上海人民出版社2002年版，第10页。

〔3〕［英］安东尼·史密斯著，龚维斌、良警宇译：《全球化时代的民族与民族主义》，中央编译出版社2002年版，第184页。

为一种社会黏合剂能强化族群对民族国家的认同，以爱国主义等形式出现而强化族群对国家的归属感，肯定了族群的多元化价值是可以共存的，从而对民族国家建构起到了积极作用，但族群冲突、暴力战争、种族歧视与灭绝也都是在民族主义的旗帜下进行的，以至于当前只要一谈到民族主义就谈虎色变，把民族主义看成是会导致分裂主义、恐怖主义等的极端思想。

2. 民族主义的分类

一般认为民族主义的发展经过了五个或六个重大的阶段："18 世纪在英国和法国率先兴起民族主义；18 世纪美国民族的出现和拉丁美洲国家的形成；19 世纪下半叶 20 世纪初的殖民主义和帝国主义的扩张阶段以及亚洲出现一系列民族国家；20 世纪中期特别是二次大战后反殖民主义及其导致的新的国际秩序；以及随着苏联的解体，民族主义凸显为各国主流的意识形态。"〔1〕21 世纪民族主义与原教旨主义、族裔分离主义、恐怖主义相胶着形成了影响民族国家稳定的主要因素。

可见，民族主义的内涵是极其丰富的，很难形成一种普遍认可的民族主义分类标准，因为没有哪个词汇可以单独描述这样一个具有两面性的事物。按汉斯·科恩的分类标准，他把民族主义分为西方的民族主义和东方的民族主义，西方代表着现代、民主、平等、包容的思想，而东方代表着矛盾、冲突、排斥、独裁的思想。除此之外，还有很多分类的方法，如维勒把民族主义分为整合性民族主义、复兴（民族团结的）民族主义、分裂的民族主义和移植的民族主义四类。〔2〕盖尔纳认为可以分为三种形式的民族主义：哈布斯堡王朝传统的民族主义、具有高

〔1〕 徐迅：《民族主义》，中国社会科学出版社 2005 年版，第 13 页。

〔2〕［德］汉斯-乌尔里希·维勒著，赵宏译：《民族主义：历史、形式、后果》，中国法制出版社 2013 年版，第 74~76 页。

层次文化的国家统一性民族主义、散居国外者的民族主义。〔1〕赫克特则以民族国家边界为准绳，把民族主义分为国家建设民族主义、外围民族主义、民族统一民族主义、统一民族主义、爱国主义五类。〔2〕

一般从政治学的角度来看，可以把民族主义分为政治民族主义、文化民族主义、种族民族主义三类。政治民族主义包括利用民族理想来实现特定政治目标的几种主要形态，即自由民族主义、保守民族主义、扩张民族主义、反殖民民族主义；文化民族主义强调民族与文化的内在联系，要求重视民族的多元的生活方式、文化传统、语言等因素，一般没有明显的政治目标与政治诉求；种族民族主义则突出自我民族的优越性，以追求民族的同质化、同一性为目标，一般以自我为中心，有着排外的特征。〔3〕总之，无论怎么划分，从政治哲学上考虑其实都是大同小异地把民族主义区分为好的和坏的两种，一种是具有文化上的包容性，以促进民族建构的统一性，维护民族国家政治稳定为目标的公民民族主义，另一种是具有文化上排外性，狭隘的，以分裂或者建立新的国家为目标的族裔民族主义。〔4〕

---

〔1〕［英］厄内斯特·盖尔纳著，韩红译：《民族与民族主义》，中央编译出版社 2002 年版，第 116~142 页。

〔2〕［美］迈克尔·赫克特著，韩召颖等译：《遏制民族主义》，中国人民大学出版社 2012 年版，第 15~17 页。

〔3〕［英］安德鲁·海伍德著，吴勇译：《政治学核心概念》，天津人民出版社 2008 年版，第 316~317 页。

〔4〕参见 S. Hoffmann, "Blood and Belonging: Journeys to the New Nationalism", *Foreign Affiars*, Vol .3, 1994, p. 148;［英］安东尼·史密斯著，叶江译：《民族主义：理论、意识形态·历史》，上海人民出版社 2002 年版，第 40~44 页、第 264~272 页；［加］威尔·金里卡著，邓红风译：《少数的权利：民族主义、多元文化主义和公民》，上海译文出版社 2005 年版，第 264~272 页。

二、民族主义视角下的民族平等与民族自决

民族认同是现代国家构建的基本面向。民族认同包括文化认同和政治认同，是不同族群之间彼此所认为的平等、自由观念不断融合的过程。这个过程持续而长久，乃至于民族国家的建立发展壮大都离不开它。民族“是一种想象的政治共同体——并且，它是被想象为本质上有限的，同时也享有主权的共同体”，[1]安德森这个定义描述了民族的归属感和象征性，突出了民族的政治性、建构性、主体性、认同性与国家的合法性基础，“当民族认同不再是一个国家整合社会的力量源泉，可能就会有新的社会力量兴起，经过社会运动，或改良，或革命，以国家的方式建立新的认同”。[2]

在国家建构过程中，主权是基础也是最高权力，没有主权也就无所谓国家。通过国家法律规定和相关制度设计使得主权的至高无上性和绝对永恒性得到保障，使民族国家合法化。国家通过表达成员自由、平等的公共意志行使主权。同时，确保所有成员在共同体内的平等关系。“构成这个国家基础的不是许多不平等的阶级，而是具有相同权利的独立的公民。因而每一个个体的自由和幸福便成为国家存在的基础和目的。”[3]虽然当前联合国、欧盟等区域性组织以及各种亚国家组织、NGO 组织不断涌现，经济与文化的渗透不断削弱了民族国家的权力，大有取代民族国家成为国际政治的基本单元之趋势，也有很多思

---

〔1〕［美］本尼迪克特·安德森著，吴叡人译：《想象的共同体：民族主义的起源与散布》，上海世纪出版集团 2005 年版，第 6 页。

〔2〕潘小娟主编：《当代西方政治学新词典》，吉林人民出版社 2001 年版，第 265 页。

〔3〕张文山：“论自治权的法理基础”，载《西南民族学院学报》（哲学社会科学版）2002 年第 7 期。

想家提出了全球公民社会等主张，认为民族国家将要终结，但从目前的实际情况来看，民族国家仍旧是国际政治的主要行动者，是民族团结的主要推动者，也是民族平等的主要维护力量。

（一）民族平等理论

民族平等的思想基础最早可以追溯到莫尔和康帕内拉的空想主义和卢梭关于国家、人权问题的思想。随着资本主义的兴起和扩张，自由、平等、独立等要求随着市民社会的日益壮大，不断扩散传播。卢梭的天赋人权、人生而平等思想激起了启蒙运动，法国民众推翻封建制度后在《人权和公民权宣言》中宣告“在权利方面，人们生来是而且始终是自由平等的”。〔1〕平等概念日益清晰，这种平等的理论随着启蒙运动以欧洲为中心向世界辐射开来，成了民族国家建立的一个基本准则。

民族平等直接指向的是民族国家内多元族群之间的社会权利问题。在没有掠夺和战争的自然状态下，没有不平等的奴役，族群之间是平等的。正如卢梭所说：“在自然的状态下，是存在着一种不可毁灭的真实的平等的，因为，单单是人和人的差别便不可能达到使得一个人去依靠另一个人的程度。”〔2〕在自然状态或是在社会状态下，个人、族群、民族之间都应是平等的，因为任何一个民族都没有劫掠、驱逐、杀戮和奴役另一个民族的权利。任何人都不能奴役其他人，也不能被他人奴役。

学者们提出了不同的理论来发展和丰富民族平等理论。其中比较有代表性的便是“族格”平等理论。它在“天赋人权”的哲学基础上产生，其思想可以概括为个人有人格，族群、民

〔1〕 马俊毅、席隆乾：“论‘族格’——试探民族平等与民族自治、民族自决的哲学基础”，载《民族研究》2007年第1期。

〔2〕［法］卢梭著，陈惟和译：《卢梭民主哲学》，九州出版社2000年版，第305页。

族有族格（族群、民族个体人格的集中体现），人有完整人格，各族群、民族有完整的族格。就像人格平等是做人的底线，族格平等是作为族群以及民族的底线。如果族格不平等，那么族群、民族也就无所谓是人类共同体了。族格集中体现在文化、身份、信仰等方面。族格的平等包括政治权利平等和文化多元。[1]族格理论为认识族群之间的平等问题提供了视角，但对于解决民族认同问题并未见得能起多大作用。实际上，民族、族群共同体之间相互区别的本质是在经历长时间的社会变迁洗礼后存留下来的，更多地是自我对共同体的归属感（认同），以及他人对我的一种主观上的态度（承认），它们并不具有天然的属性。但从民族文化保护、民族权益保障的初衷来说，族格理论似乎并无不妥。

美国的独立与《独立宣言》的发表标志着资产阶级争取民族平等的诉求得以合法化，但自由主义民主国家标榜的民主与平等往往只能是象征性的，注重的只是一种法律上的平等而一定程度上忽视了结果上的平等。为了缓和阶级、民族之间由于经济、机会上不平等现状扩大引发的矛盾与冲突，罗尔斯适时地提出了分配正义理论，马歇尔提倡的社会权利与福利国家理论也是出于这个目的。但是理论上的主张并不代表实际操作的可行性，并且未能掩盖资产阶级剥削和奴役的本质，为了争夺资源、抢夺市场，处于统治地位的资产阶级及其主导民族实施了残酷的殖民统治和民族剥削、压迫、清洗，为追求同质化“一个民族，一个国家”的理想，民族国家进行过血腥的民族建构，剔除（被认为是）劣等人的犹太民族大屠杀，这样的种族

〔1〕 马俊毅、席隆乾：“论‘族格’——试探民族平等与民族自治、民族自决的哲学基础”，载《民族研究》2007年第1期；马俊毅：“现代多民族国家中民族权利的理论路径——基于族格的视域”，载《学术界》2015年第1期。

清洗在二战期间疯狂进行。

从马克思的观点来看，民族平等是其理论的核心概念之一。马克思主义民族平等理论认为一切民族在一切权利方面事实上都应该平等，同时，一国内的弱小民族应当得到帮助，从而达到事实上的平等，没有哪个民族享有特权。马克思主义民族平等理论，既反对人之间的压迫和剥削，也反对民族之间的压迫和剥削，体现着民族平等和正义的特点，而资产阶级的民族平等则不然。列宁就尖锐地指出“关于一般平等问题，其中包括民族平等问题的抽象的或形式的提法，是资产阶级民主所特有的”。[1]平等包含着政治、经济、文化等方面的平等，而仅仅强调政治权利的平等，难免导致失衡，未能实现真正的平等。在要求政治权利平等之前，应先消除经济、文化上的不平等。同时，国家民族由于是由多个族群所组成的，所以难免会有着不同的利益诉求和矛盾。正如列宁指出的那样：仅从政治上宣布民族平等是不够的，还要逐步消除各民族间经济上的差距，实现事实上的平等，即公正平等。

并且，国家内族群平等问题具有长期性与复杂性，这是由民族建构的目标所决定的，族群之间的一体化需要漫长的时间来实现，所以要意识到族群平等对于民族国家来说是首要的问题之一。由于没有充分认识此问题的长期性和复杂性，简单地认为已经实现了族群的完全平等，苏联和南斯拉夫出现了民族国家的解体和分裂。总之，族群之间的平等问题从来不是一个可以说是能彻底或一劳永逸地解决得了的问题。

（二）民族自决理论

民族自决，其核心内涵是简单、清晰的，即各民族有权按照自己的意愿来处理自己的事情，可以不受其他干涉而自由地

---

〔1〕《列宁选集》（第4卷），人民出版社1972年版，第271页。

选择认为是良善生活的权利。民族自决理论的背景是封建特权和民族压迫，为了改变绝对主义国家的传统不平等政治制度，“从个体需要到民族需要、从个人权利让渡到民族集体权的生成”，[1]启蒙运动所主张的个人理性原理：“一个善良的人是一个自律的人，他要实现他的自治，他必须是自由的。因此，自决变成了政治至善。”[2]个人理性原理体现在民族主义之上就形成了民族自决理论，要求推翻旧的政治制度，建立起由本民族统治的民族国家或者从现有的国家中独立出去建立起自己的民族国家。所以，民族自决意味着民族都有权建立一个独立的国家并决定自己的政府，这一理论有着深深的契约色彩，由此可以看出民族自决权的合法性来源及其生命力的源泉。

18 世纪之后欧洲民族国家广泛建立，民族自决思想与实践高潮泛起。伴随着欧洲资产阶级民主革命和民族解放运动，民族自决权（或自决原则）以一项重要的国际法原则的身份走上历史舞台。资产阶级反对封建专制主义的斗争同民族运动紧密相连，它们提出，每个民族都有权反对封建特权，建立资产阶级民族国家。凯杜里由此认为民族自决是一种由民族主义教导的、正确的意识的决定，“自由主义者衡量政治进步是通过削弱社会和政治的特权，在社会主义者看来，进步的试金石是减少经济上的不平等。对于民族主义者来说，这些目标都是附带性的和次要的。他们的目标是民族自决，以及使作为一个主权民族之成员者达到永久的实现”。[3]

---

〔1〕 马俊毅、席隆乾：“论‘族格’——试探民族平等与民族自治、民族自决的哲学基础”，载《民族研究》2007 年第 1 期。

〔2〕［英］埃里·凯杜里著，张明明译：《民族主义》，中央编译出版社 2002 年版，第 22 页。

〔3〕［英］埃里·凯杜里著，张明明译：《民族主义》，中央编译出版社 2002 年版，第 84 页。

一般认为20世纪对民族自决理论贡献最大的两个人分别是俄国的列宁和美国的威尔逊。列宁认为政治意义上的民族自决权利，“只是一种独立权，即在政治上同压迫民族自由分离的权利。……这种要求并不等于分离、分散、成立小国家的要求，它只是反对一切民族压迫的彻底表现。”〔1〕这阐明了民族自决的两个面向，一是前提，即存在民族压迫；二是指向，即民族自决不等于民族分离，二者有着质的区别。一方面，作为对外部压迫的反应性存在，民族自决是民族独立的前提。受到殖民、压迫的民族具有自决权，这基本上是公认的。“作为对外部压迫的反应性自决，民族自决的内涵实质是国家主权的应用。作为内部生成的外向性自决，民族自决的实质就是民族分裂，是统一多民族国家内少数民族试图脱离所在的主权国家的态度和行为。”〔2〕前者为拉美民族独立运动提供了巨大助力，俄国共产党人1917年宣布给予受沙皇压迫的俄罗斯各民族“自由的自决权，直至分离和组成一个独立的国家”，首要目的就是摧毁沙皇俄国殖民压迫。对于国家内部的事务治理，民族“应先享有自决权”。〔3〕另一方面，有了自决权这个条件和基础，人民才能有机会和条件自由地发展经济、社会和文化，采取与本民族相宜的制度，并保证这些不受侵犯或损害。

伍罗德·威尔逊较早倡导并推行了民族自决原则，体现在他的“十四点原则”之中。第一次世界大战前，他就将民族自决原则运用于美国对墨西哥和菲律宾的政策之中。随着资产阶级殖民压迫的扩张，民族自决成为世界性的民族问题。战争结

〔1〕《列宁选集》（第2卷），人民出版社1972年版，第719页。

〔2〕张友国：“民族自决的两难困境及其解决”，载《首都师范大学学报》（社会科学版）2009年第5期。

〔3〕参见1952年联合国大会通过的“关于人民和民族的自决权”决议。

束后，国际社会普遍接受运用民族自决原则来判定和解决领土变更和人民归属问题。德国及其同盟国分别承认了捷克、匈牙利、奥地利等国家政治独立。早期的民族自决理论带着明显的资产阶级民族国家建构的色彩。威尔逊的民族自决理论和实践，受美国南方人建国诉求和欧洲民族独立运动的影响，他一方面武力干涉墨西哥内务，另一方面大力宣扬“每个民族都有权力决定自己的政府形式”，[1]这与他代表的资产阶级立场分不开，其宣扬民族自决的幕后目的是反对欧洲殖民主义，并渗透以美国式民主为基础的民族自决理念和模式。威尔逊对民族自决的鼓吹带有明显的幻想色彩，被指责为一个盲目的理性主义者。

民族解放运动的扩大，民族自决原则的广泛传播又推动了民族解放运动的蓬勃发展。第二次世界大战结束暨世界反法西斯胜利后，大量的殖民地、半殖民地国家纷纷走上了民族自决的道路并取得民族独立，民族自决在其中扮演了十分重要的角色。民族自决原则得到国际认可，成为世界上民族国家构建的一项重要的国际原则。《公民权利与政治权利国际公约》、《经济、社会与文化权利国际公约》、联合国文件《给予殖民地国家和人民独立宣言》等文件多次明确了“自决”作为一项基本人权的地位。但在实际运用中要意识到哪些人能享有自决权的资格却是模糊的，“自决原则尚不足以成为系统的原则，它还没有发展到能为不同情况提供合适的正式说明的程度。在其目前的正式表述中，它依然是宽泛而不准确的”。[2]也就表明在主权国家内，凭借民族自决权来进行民族分裂主义的行为是违反国际

---

〔1〕 史晓红：“威尔逊民族自决原则研究综论”，载《河南大学学报》（社会科学版）2010年第2期。

〔2〕 ［英］爱德华·莫迪默、罗伯特·法恩主编，刘泓、黄海慧译：《人民·民族·国家——族性与民族主义的含义》，中央民族大学出版社2009年版，第135~136页。

法的。

从本质上来讲，民族自决权表现为两方面，对外表现为国家主权，是反对民族压迫、实现民族独立、维护民族权益、建立民族国家最有力的武器；对内表现为公正平等发展的权利，是各民族自主管理内部事务、和谐相处、共同繁荣发展的保证。马克思主义认为民族自决是反对一切民族压迫的表现。民族自决“只是反对一切民族压迫的彻底表现。它并不等于分离、分散成立大小国家”。〔1〕取得民族独立后，民族自决就变成是在主权统一下的“自治”，在此基础上要保证其他民族的权益不受损害。民族平等是民族的社会属性之一，民族自决权的最高表现形式是国家主权，二者是民族国家的两个重要面向。每个民族国家都有独立自主的主权，这是一国内民族权益的最根本保证。对于民族国家内的民族自决问题，必须着眼于特定的时间和空间条件，在此基础上，看能否真正体现、保证实施自决权的民族的权益。

三、民族自决理论在实现民族平等道路上的困境

民族平等和民族自决是认识和解决民族国家内族群间矛盾和冲突的两个基本点，是民族国家建构过程中实现民族认同与国家认同的重要面向。民族自决在反民族压迫和殖民过程中的作用得到了国际社会的肯定，国际法中明确禁止了分裂国家的民族主义。但是，民族自决在动员民族独立和促进国家建构的同时，也点燃了民族分裂主义的烈焰。就如凯杜里认为的那样，“企图依照民族方法来改变世界的广大面貌的做法并未带来更加持久的和平与稳定。相反，它导致了新的冲突，恶化了紧张局

〔1〕《列宁选集》（第2卷），人民出版社1972年版，第719页。

势，为无数对政治义务所知的人们带来了巨大灾难”。[1]

（一）民族自决理论的困境

1. “民族自决”遭到了错误的理解和运用，成了一种导致混乱的代名词

在殖民、压迫下的民族必须要有自决权才能建立起自己的民族国家，在民族国家内部必须要平等，各族群才能自由良好地发展，这基本上是具有正当性的。但是，现实情况是被殖民的、被压迫的民族在自决与获得统治后，却不一定会带来稳定与民主，反而是经济、政治、社会问题层出不穷，或者是对国内其他少数族群进行新的压迫，新的内生型的民族自决要求又成为现实问题，这样就会导致一种恶性循环，无休止的民族自决要求会接踵而至。所以，如果一国内的少数族群有权根据其意愿或喜好从国家共同体分离，那么，国家秩序及稳定将受到威胁、破坏，不利于国家共同体的领土、主权完整统一与国际秩序的稳定。

2. 民族自决被某些带有政治目的的人扭曲、滥用，成为民族分裂的重要理由

任何一个民族国家或多或少都会存在不同程度的民族问题，这些问题很容易成为敌对势力或其他国家推翻现有政府的政治借口，或成为一些族裔分裂主义、宗教分裂运动主导者的“合法”工具，“单一民族，单一国家”，或“民族分离”，或“民族净化”[2]都成为民族分裂的借口。显然，那些自诩为少数群体利益代表者的（或少数或一部分的）民族主义分子，只不过

---

〔1〕［英］埃里·凯杜里著，张明明译：《民族主义》，中央编译出版社 2002 年版，第 132 页。

〔2〕“民族净化”即驱逐非我族类出国门的被动式的民族运动，“民族分离”则是民族要独立成国的主动运动。

想假借民族自决来妄图实现民族独立的野心。金里卡认为，“少数群体民族主义现今已经成为真正全球化的现象，存在于全世界每一个国家”，[1]民族问题不断地成为冲突祸患和不稳定因素，世界民族问题热点增多，极端民族主义也相继出现并成为威胁全球安全的势力。同时，民族平等和民族自决理论都有一个共识，那就是在因地制宜的基础上以保障民族权益为目标。

3. 在当前国际、国内政治的现实情况中，民族自决的理想要想实现并不容易

一般来说，“自决”与“民族自决”是同义词，但却指的是其他形式的自我管理、自治形式，并不是主权上的独立。在今天地区性经济发展不平衡、邻国虎视眈眈的现实下，大部分族群所追求的民族自决更多地是民族国家内部不同程度的自治，而不是要求彻底分离出去。如加拿大土著人要求的自决仅是为了成立层级不一的自治邦，同时魁北克多年公投独立都没有超过半数票就是有力的证明。此外，族群数量众多且混杂聚居的现实情况使得族群分界模糊化，使得“一个民族，一个国家”的愿望是不可能实现的，民族、族群概念、边界、地域的难以划清、自决“决定”难以保证等，都成为民族自决的现实障碍。[2]

4. 当前民族自决原则的不明确性、不可行性决定了当前不能再支持这个过时主张

一方面在后殖民时代民族自决已然失去了它的生命力，在没有撇清“权利是一定历史条件下的产物或相对性的存在，还

---

〔1〕［加］威尔·金里卡著，邓红风译：《少数的权利：民族主义、多元文化主义和公民》，上海译文出版社2005年版，第303页。

〔2〕史晓红：“威尔逊民族自决原则研究综论”，载《河南大学学报》（社会科学版）2010年第2期。

是天然、客观、来自民族原初性的本质存在"[1]的前提下，一味地追求民族平等和自决，将会给族群带来万劫不复的后果。所以，寻求平等自主的理论与现实结合点，既是处理族群关系的关键也是解决族群问题的目标。另一方面，民族自决原则存在着先天性的缺陷。这些缺陷在于无法确定哪些群体有权分离并进行自决；即使拥有了自决权，边界问题的无法确定也会导致"巴尔干化"的危险；新的国家无法确保政治制度在民主基础上的运转政策与稳定。

（二）民族自决理论的出路

当前族群诉求已经不再仅限于文化领域，一方面，少数族群诉求呈现出多样化，并且对不平等的社会现实愈发不满，另一方面，国家却对这些多样的权利诉求无动于衷，并且也无法改变这种由主导族群利益造成的结果不平等，所以国家建构中的这些矛盾是当前导致族群矛盾，引发自决的主要诱因。但是，要合理地看待民族自决的要求，对民族自决权的承认，并不等于就一定会导致民族国家的分裂。要求分离、分散、独立的民族自决，是反对民族压迫的必须手段，在后殖民时代民族自决的高级阶段应该是多元族群之间平等、联合、和谐的共处，这种美好的生活愿景必须要在法律保障平等原则的前提下，国家主动作为实现"事实上的平等"的基础上才能得以实现。

对于解决民族问题的探索，列宁认为，只有保证了特殊（经济和生活上都有较大特点的）民族享受（区域）自治才算得上是现代真正民主的国家，区域自治不仅未遭到民主集中制

[1] 姚新勇："荒谬而危险的'天赋族格'说——关于《论'族格'——试探民族平等与民族自治、民族自决的哲学基础》的质疑"，载《暨南学报》（哲学社会科学版）2010年第3期。

的排斥，而且还是后者所要求的。[1]斯大林也指出，多民族国家治理的“正确解决问题的唯一办法就是区域自治”。[2]完善民族自治制度，推行符合地域条件的民族政策，是新中国成立以来保障各民族平等权利，实现民族平等的行之有效的做法。每个民族在平等自愿的前提下组成多民族国家。现实中，各少数民族人口、语言、文化、习俗等各有差异。为保护民族文化遗产，防止少数民族“边缘化”，行之有效的方法便是在聚居地域进行区域自治，使各民族能独立地保持自己的生活、文化和习俗特色，首先需要保障各民族文化创造和受保护的权利，使他们能保持和传承文化传统。

而在西方学者们看来目前还没有找到一种的解决民族自决问题“万金油”的范式。安东尼奥·卡塞斯提出三条他认为可行的方法：“第一，自决应该与民族自决区分开来而作为一个更宽泛的概念。第二，不应将国家视为单一‘民族’的体现。第三，应该更开放地接受大量领土状况的变化、不明确、不规则的可能性。”[3]爱丁堡大学法学教授尼尔·麦考密克则同意提倡自由民族主义的塔米尔的观点，即自治并不需要拥有主权国家的形式，可以通过给予少数族群一些特殊的权利来化解他们对民族自决的要求。金里卡则认为对于民族自决应是有所限制的，民族自决对于原住居民来说是正当的，但是对于移民群体来说

---

〔1〕“如果不保证每一个在经济上和生活上具有比较大的特点以及具有特殊的民族成分等的区域享受这种自治，那就不可能设想有现代的真正民主的国家。”“民主集中制不仅不排斥地方自治……，相反地，……要求区域自治。”详见于列宁：“关于民族问题的批评意见”，载《列宁全集》（第20卷），人民出版社1963年版，第29~31页。

〔2〕《斯大林全集》（第2卷），人民出版社1953年版，第353页。

〔3〕［英］爱德华·莫迪默、罗伯特·法恩主编，刘泓、黄海慧译：《人民·民族·国家——族性与民族主义的含义》，中央民族大学出版社2009年版，第129~133页。

则是不正当的；并且他认为可以通过一种差异的公民身份，给予少数族群特别的权利来避免国家对少数人造成的不公，从而消除民族自决对国家的威胁。[1]

随着民族社会的不断深化发展和现代化推动力量的不断壮大，在族际间交流和渗透深化的同时，制约也日益显现。各族群自主管理各自事务的同时，如何参与国家事务治理、实现各族群之间的合作共治，成了族群发展和民族国家建构的共同诉求。可以说，合作共治，是民族自决瓦解殖民体系后，在民族国家政治实践中实现新发展的可行路径。合作共治，以国家统一为前提，维护了主权完整统一；各民族间良性互动、团结合作、共和共赢，保证了民族平等权利和各民族当家做主。“既然是多民族共同组成了一个国家，而且难以分离，那么，作为各民族根本利益代表的主权国家，决定了我们对民族共治的选择的必然。”[2]

四、民族主义与国家权力合法性的重塑

民族国家产生以来，民族成为国家建构的中心主旨，民族认同是多民族国家构建的基础，是民族国家权力合法性的主要来源。尤其在现代化的背景下，国家的构建需要建立国家认同，在民族主义与国家主义之间争取足够的合法性。民族认同所能提供的共同的神话、象征符号、记忆等能填补现代国家在建立过程中传统政治合法性丧失的真空。随着后民族共同体时代的到来，族裔和族群认同作为亚层次的认同已经无力调和多元化差异的矛盾，需要建立起新的国家层面的政治共识，新的“后

〔1〕 参见第六章内容，金里卡把这些特别权利分为三类，即自治权利、多族类权利及特别代表权利。

〔2〕 邓立群：“民族自决理论及其中国实践”，载《广西民族研究》2010年第1期。

民族认同”构建也需要对国家认同进行重塑。

（一）后民族结构的提出：对传统民族认同的超越

在同化主义遭到“反抗性民族主义”的挑战后，二战后西方民族国家转向了多元基础上的承认政治，即承认差异、相互尊重，公开承认公民之间的文化身份，不以主流规范同化少数群体。[1]在这一政策下诞生了两种制度，“民族联邦制”和“民族区域自治”。虽然承认政治“其自身并不足以成为一种处理认同的方法”，[2]但它却是处理现代民族国家中族群认同问题的必要基础，在承认族群差异的基础上构建国家认同。但是，如何将族群认同升华为国家认同也就远非承认就能解决的问题了。所以，并不是承认政治，民族问题就能迎刃而解，相反，有了承认政治这个基础，没有相配套的政策制度保驾护航，则会使“民族分裂”与“民族独立”有机可乘。

不同层面程度的认同、治理和整合是民族国家建构面临的历史性难题。在同化和承认都不足以实现族际整合的情况下，应寻找新路径以保证民族国家的团结稳定。如何超越传统的族群认同，构建新的纽带？在有的西方学者看来要建立后现代的“超民族认同”，金里卡指出民族国家只有培育出各族群都拥有且认同的超民族认同（super-national identity），才能保持国家的统一稳定。“较老的同化主义的多数民族建构政策，正在逐渐被容纳业已存在的各民族认同的较新观念所代替，并同时推进一种新的共同的超民族认同”，[3]很明显，他所提倡的这个认同超越了各族群所存在的意识。

---

〔1〕关凯：《族群政治》，中央民族大学出版社 2007 年版，第 155 页。

〔2〕［加］威尔·金里卡：“多民族国家中的认同政治”，刘曙辉译，载《马克思主义与现实》2010 年第 2 期。

〔3〕［加］威尔·金里卡：“多民族国家中的认同政治”，刘曙辉译，载《马克思主义与现实》2010 年第 2 期。

金里卡主张一种族群文化多元共同的理论，他主张的这种认同需要给予少数群体必要的尊重，而没有必要强制性地塑造出一种统一的文化，而是要认识到文化和生活方式上存在差异的合理性，这是培育超民族认同的基础。加拿大、瑞士、澳大利亚等国为这一理论实践提供了最好注脚，平等的公民身份在严格宪法保障下，国家内呈现出一种族群多元平等和谐的局面，不同的族群操着不同的语言而整合到了一个统一的民族国家之中，在族群治理与整合过程中成效卓著。

在全球化、现代化等各种因素对国家的主权进行解构的情况下，传统的国家建构模式遇到了严峻的挑战，一种超越民族国家范式的思潮逐渐出现。康德提出了永久和平理论，认为国家之间联合体的世界大同是人类社会发展的一个必然过程，预见了一种基于世界性制度和世界性法律的全球公民身份形式。有学者认为民族国家需要向公民国家这个高级形式过渡或转变，明确指出要使民族国家过渡到一种“后民族共同体”或建构一种全球公民身份。最早提出宪法爱国主义的是德国政治科学家多尔夫·施特恩贝格尔，他认为由于对法律和共同自由的热爱，最迟到18世纪所有的爱国主义都将成为“宪法爱国主义”。哈贝马斯大力宣扬“宪法爱国主义”，认为国家认同应更多地关注权利和民主协商的程序，而非聚焦于某种历史认同。

哈贝马斯试图用宪法原则和民主程序的认同来引导建起公民相互承认的“后民族共同体”，这一尝试被称为宪法爱国主义。哈贝马斯认为“宪法爱国主义是一个国家政治文化的结晶”，[1]它可以取代原始的民族主义。在对多元文化冲突寻找超越界限且具有普遍性的模式的探寻过程中，宪法爱国主义逐渐成

〔1〕［德］尤尔根·哈贝马斯著，曹卫东译：《包容他者》，上海人民出版社2002年版，第138页。

为哈贝马斯对后民族认同的规范性基础之一。他提出“血缘——文化共同体”和“政治——法律共同体”，认为要建立新的集体认同，即一种“作为公民的民族的认同”，这种认同突破了传统的民族认同和民族国家的界限，最终形成的是一幅“世界市民社会”[1]的全球一体化构想。这一构想具有非常高的标准，包含着多元文化整合、公共领域塑造和市民社会培养等方面。哈贝马斯的宪法爱国主义建立在他对公私领域的划分以及其交往理论的基础上，不同群体之间的不同价值观与冲突只有在公共领域中，通过交流、对话、争论才能达成一种统一的共识。他认为“在多元主义社会里，宪法表达的是一种形式上的共识。公民们愿意用这样一些原则来指导他们的共同生活，这些原则，因为它们符合每个人的平等利益，可以获得所有人的经过论证的同意。这样一种联合体是由相互承认的关系所构成的，在这种关系之下，每个人都可以期望被所有人作为自己的和平等的人而受到尊重”。[2]

（二）对后民族共同体的思考

后民族共同体（或超民族共同体）其实质也就是一种区域性的政治公民身份。“具体而言，即是要在保持民族国家作为国家政治和国际政治主体的前提下，抛弃民族国家的种种不合时宜的政策，建立行之有效的跨国机构，用以补充民族国家职能上的严重不足。”[3]相应地，以公民社会的语境、公民政治代替传统的族群社会环境和族群政治，就是让民族国家在面临国外全球化的冲击、国内族群文化多元化的冲击的情况下，要进行

〔1〕 崔萌：“民族国家的认同危险及其社会整合——哈贝马斯后民族结构理论论析”，山东大学2015年博士学位论文。

〔2〕［德］尤尔根·哈贝马斯著，童世骏译：《在事实与规范之间——关于法律和民主法治国的商谈理论》，生活·读书·新知三联书店2003年版，第660页。

〔3〕 曹卫东：《曹卫东讲哈贝马斯》，北京大学出版社2005年版，第87页。

自我的革新，通过主权的让渡建立一个统一的国家层面之上的管理机构，最终的目标是一种世界公民社会。

在哈贝马斯眼里，民族国家要解决国家认同的危机问题，不能仅以民族主义为合法性基础，而是要以法律的共同体形式为一体化形式，建构宪法爱国主义来跨越以民族团结为基础的公民认同模式。“正如瑞士和美国这样的多元文化社会的例子所表明的，宪法原则可以生根于其上的政治文化，根本不必依靠所有公民都共有的种族上，语言上和文化上的共同来源。一种自由的政治文化所培养的只是一种宪法爱国主义的公分母，它使人们对一个多元文化社会的各个不相同但彼此共存的生活形式的多样性和整体性这两方面的敏感性都得到加强。”〔1〕

哈贝马斯的宪法爱国主义及其主体间的交往理论作为创新之处，为解决民族国家建构问题提供了一种新的思路，但也遭到了不少理论家的批判，大部分人都认为他的理论过于强调情景性，并且对于其理论的前景过于乐观和理性化，把他定义为一个欧洲乐观论者；并且，他的理论反映他对欧洲民族国家发展前景的思考，尤其是对欧共体与欧盟这种超国家地区性联盟的前景的一个美好预想，这就使他的理论不具有普遍的适用性，无法对世界范围内其他地区的民族冲突与矛盾提供参考，而只能是一种德国中心论或欧洲中心论；他的主体间领域的纯粹与认知、语言和形式主义的倾向也遭到了反对。〔2〕

哈贝马斯明确提出民主公民身份不需要依靠民族认同，提出了一种民族国家扬弃论。他认为民族观念不仅没有强化民众

---

〔1〕［德］尤尔根·哈贝马斯著，童世骏译:《在事实与规范之间——关于法律和民主法治国的商谈理论》，生活·读书·新知三联书店2003年版，第664页。

〔2〕如 Thomas. Mc. Carthy，1989；Benhabit，1992；Elliott，1999；WhiteBook，1995.

对法治国家的忠诚，反而带来了惨痛的教训。[1]他希望以宪法作为构建认同的制度基础和纽带，以此实现对传统的族裔和族群纽带的超越。宪法爱国主义首先的基础是政治文化自由，展现出了一幅对美好未来的预想，追求一种“世界政府模式”。但是这种空想式的范式与现实的社会存在很大偏差，这套理论受到了不少人的质疑，伯肯弗尔德把“宪法爱国主义视为是‘苍白’的学院思想，无法取代一种健康的民族意识”，[2]并且当前民族国家并没有消亡的迹象，依然是协调族群矛盾与冲突的第一责任主体，也是国际政治关系的主要参与人，并且英国脱离欧盟给地区性国家组织敲响了警钟，让人们意识到地区性的经济差异、民族差异依然是影响民族国家进行交往与合作的重要因素。

民族国家建构的中心目标就是民族的一体化问题。多元文化背景下，族群认同表达的是不同文化群体的本真性需求，鲍桑葵指出：社会结合不在于相似性，而在于高度个性或特殊性。高度的个性和特殊性存续是以承认为前提的。[3]民族国家的本质是多元政治的，共同的精神价值传统、相同的语言和地域，使得国家才能从各个层面便于统一。民族国家认同的构建关键和基础不在于“在民主宪政基础下平等地保障每个公民的权利和自由”，[4]能否构建各族共享的共性文化才是核心。金里卡认

〔1〕 参见［德］尤尔根·哈贝马斯著，曹卫东译：《包容他者》，上海人民出版社2002年版，第136页。

〔2〕［德］尤尔根·哈贝马斯著，曹卫东译：《包容他者》，上海人民出版社2002年版，第152页。

〔3〕［英］鲍桑葵著，汪淑钧译：《关于国家的哲学理论》，商务印书馆1996年版，第183~185页。

〔4〕 杜宴林、才圣：“中国多民族视域下的‘国家认同’政治建构”，载《东北师范大学学报》（哲学社会科学版）2016年第3期。

为共同的历史和文化是国家认同的基础，族群多元的文化正是国家生命力的源泉，马戎也指出“中华民族的共同文化”是21世纪面临的严峻挑战。[1]所以，在追求宪政民主制下的现代公民身份的同时，也需要看到族群文化存在的意义，尤其是合理利用民族主义对于加强国家认同有着积极意义。在全球化的背景下文化的社群和政治社会是相互依存的，“人们愈是进入国际化的经济，则要求自主和民族自治的意愿，便愈是要以血统，以及文化和种族的特性作基础，而不是像人们早先所说的以合理化的现代性计划作基础”。[2]

民族所拥有的共同的文化与记忆所形成的认同是民族存在的基础要素，没有这种“历史性认同”，也就没有民族。[3]钱穆先生讲，政治制度“必然得自根自生”，纵使移用外来东西，也要有融和，否则就成为“无生命的政治，无配合的制度”。[4]解决民族国家的认同难题亦如此，也需要“自根自生”，根植于历史土壤，特别要注意国别性。尤其今天“全球文化多元化和政治多元化使民族国家的概念和形式得到了重新定义和巩固”，[5]所以，在民族国家建构中强调文化特殊性的同时，也要强调权利的普遍性；在强调民族意志的同时，也要强调社会和文化环境。一方面要承认共同的历史贡献，苏联大力强调俄罗斯民族

---

〔1〕 马戎：“创建中华民族的共同文化，应对21世纪中国面临的严峻挑战”，载《西北民族研究》2012年第2期。

〔2〕［法］阿兰·图海纳著，狄玉明等译：《我们能否共同生存？——既彼此平等又互有差异》，商务印书馆2003年版，第294~295页。

〔3〕 杜宴林、才圣：“中国多民族视域下的‘国家认同’政治建构”，载《东北师范大学学报》（哲学社会科学版）2016年第3期。

〔4〕 钱穆：《中国历代政治得失》，生活·读书·新知三联书店2001年版，第1页。

〔5〕［英］安东尼·史密斯著，龚维斌、良警宇译：《全球化时代的民族与民族主义》，中央编译出版社2002年版，第124页。

对保卫社会主义的贡献，对少数民族的贡献却只字不提，并强行推广俄语，引起了少数民族的不满。另一方面，要在历史的基础上实现族群之间的平等，要承认历史上族群之间以及国家在建国时对某些族群的特殊承诺或者协议。

承认政治为族群身份（或个性或特殊性）的存续提供了基础，法律对权利的保障体现并保障了民族在国家和社会中的地位，以此获得民族构建的合法性。需要树立一种公民民族主义的意识，抛弃族裔民族主义的认识，在承认族群存在和文化差异的基础上建立起一种既有政治联系也有文化联系的国族共同体。要根据实际情况不断完善现代公民身份制度，使族群的身份认同自然而然地向现代公民身份过渡，这样才能通过向更高层次的公民共同体认同过渡来缓和民族国家建构一体化和族群文化多元化之间的矛盾，一种“差异的公民权”显然不失为一种行之有效的途径，其结果仍有待时间检验。总之，“社会的统一，是既不能靠某种传统，也不能靠全球化经济来实现的：统一，只能是民主的统一，千方百计使大家尽量紧密地凝聚在一起，同时又尊重每一个人的公民权利、社会权利和文化权利”。[1]

---

〔1〕［法］阿兰·图海纳著，狄玉明等译：《我们能否共同生存？——既彼此平等又互有差异》，商务印书馆2003年版，第318页。

第三章
自由主义国家建构观的传统理路

对于民族建构问题，其实质就是民族如何实现一体化，国家作为建构的主导者（城邦、绝对主义国家、民族国家）通过某种政策、措施来把一定范围内的人类群体纳入到政治共同体之中并不断朝着民族一体化目标努力的过程。近几百年来，对于国外政治哲学影响最大的一个流派就是自由主义，自由主义可以说是影响国外社会最为深远的一种意识形态。民族建构问题从来都没有成为自由主义政治哲学研究的中心，自由主义政治哲学直接讨论民族建构问题的并不多见，由于自由主义哲学研究的主要维度为国家与个人，并且包括自由、平等、民主、个人主义等基本原则，在讨论这些原则的过程中难免会涉及族群平等、族群与国家、族群文化等民族建构方面的问题。

从自由主义政治哲学的发展脉络来看，首先探讨的就是人的自由与平等，从自然法则、社会契约论、天赋人权讨论个人的自由与平等问题，从而归纳出一个结论：为了保护个人自由的权利不受到侵害，需要一种政治体制对此加以保护，由此对现代国家的雏形进行了分析，随之提出了国家权力的分立、价值多元论、公私领域的划分、国家中立性等具体的主张，最后提出了协调国家与个人、国家与社会关系的有效手段，即现代公民身份。虽然其整个理论发展的脉络没有明显的民族特色，但民族建构问题从来都是不容忽视的，民族建构的核心就是族群共同体对国家的认同，所以自由主义对国家认同问题的分析更多地体现为对待价值多元论的看法，尤其是国家对多元文化的态度，实际上是要寻求一条稳固和加强族群对国家的忠诚感、归属感的道路，这是以实现民族一体化为目标的，并与政治体制的模式、政权组织形式的选择有着必然的联系，换言之，这也就是民族建构方面的问题。

一、国家中心论的起源：古希腊城邦政治学

古希腊和罗马政治思想理论中有很多自由主义观念中的元素，可以说它们是自由主义前史的一部分。由于自由主义政治哲学中关注的焦点从来没有离开过国家，并且民族建构的主导者也是国家，所以，以国家为视角来分析自由主义的民族建构观点是一个很好的切入点，有必要对国家理论的起源及其发展脉络进行梳理，"从古代到今天，人们在讨论社会政治问题时，最根本的问题就是人的本质、社会的本质、国家的本质，以及个人、社会、国家之间的关系"。[1]因此，对古希腊政治哲学主要代表人物城邦政治观点的分析，有利于全面把握近代以来自由主义哲学对民族建构中政体选择、国家结构形式的态度、国家中立性原则的辨析以及国家认同理论的渊源。

早在古希腊时期，西方政治思想家已经形成了关于国家学说的一套理论。古希腊时期社会基本结构就是城邦，城邦就是国家，涉及政治、经济、文化生活的各个方面。"所谓的'城邦'就是以一个城市为中心，连同周围不大的一片农村所构成的独立的'城市国家'，每一个城邦都是'自给自足'的单位，

〔1〕 李强：《自由主义》，东方出版社 2015 年版，第 31 页。

各城邦之间互为独立，互不统属。”[1]寻找一种更为合理的政治秩序成了当时政治思想家的首要任务，无论是柏拉图还是亚里士多德都对如何能够实现一种更好的城邦生活进而实现共同的幸福进行了思考，提出了最初的民主政治和自由理念，在此基础上形成了不同的国家学说，为启蒙运动后自由主义的国家学说奠定了理论基础。

（一）柏拉图对国家制度的设计

柏拉图在理念论的基础上，形成了一套理想的国家制度设计，并提出了其正义的观点，其正义的实质亦是在探讨国家如何维护好统治的问题。柏拉图对理想国家原理的分析是从德性、理性、法治三个方面展开的。第一，国家德性原理意味着至善的目标，也就是城邦生活要符合正义原则，这样才能实现生活的幸福，这是一种理论的政治观。首先，要实现社会的分工。其次，要划定不同的等级。最后，城邦要体现出正义。第二，国家理性原理意味着人的精神实质也对国家的产生和发展起着重要的影响。人的理性是不依赖于道德的，有知识的人就有理性，理性是人们获得幸福生活的前提条件。柏拉图认为美德即知识，并在此基础上形成了他的人性论，进一步论证了城邦的德性根源在于理性，要使国家获得正义必须要让具有智慧的人进行管理，从而为贵族的统治进行论证，形成了要把知识和权力结合的思想，“在哲学家统治城邦之前城邦不能摆脱邪恶”。[2]第三，国家法治原理。他认为“哲学王”是法律的制定者，所以其思想高于法律，在理想国中由于存在哲学王，美德和知识也

〔1〕 王彩波主编:《西方政治思想史——从柏拉图到约翰·密尔》，中国社会科学出版社 2004 年版，第 5 页。

〔2〕［古希腊］柏拉图著，郭斌和、张竹明译:《理想国》，商务印书馆 1996 年版，第 234 页。

就高于法律。但是由于智慧的哲学王很难找到，所以在现实国家中法律成了准绳，法律在国家中有着至上的地位。在此基础上，他提出了他的政体循环学说及其混合政体理论，成了近代分权制度的思想源头。

（二）亚里士多德的国家本质学说

在亚里士多德看来，国家是历史的产物，是由自由人组成的社会团体，并且国家体现着正义，是自由公民的组合。“亚里士多德实际上把城邦看作一个监护性共同体，这种共同体建立在共同的道德基础之上，并且被指向一种特殊的生活方式”，〔1〕人类的每一种行为，本意总是在求取某一善果，既然一切社会团体都以善业为目的，那么我们最高的社会团体所追求的善业也是最高的，这种至高的社会团体就是所谓的城邦，所以国家的目的就是达到一种美好的生活。首先，在亚里士多德看来国家是优先于个人的，没有国家，人就无法追求好的生活，同时，城邦生活是实现个人道德的唯一途径，所以国家高于个人，个人必须从属于国家，“凡隔离而自外于城邦的人，他如果不是一只野兽，那就是一位神祇”，〔2〕这成了近代自由主义国家中心论主张的起点。其次，他对理想的城邦进行了探讨，并对政体进行了分类，他认为好的政体能够兼顾共同利益，并且由优秀的人执政，这是政体好坏的分水岭。“凡是照顾到公共利益的各种政体就都是正当或正宗的政体，而那些只照顾统治者们的利益的政体就是错误的政体或正宗政体的变态。”〔3〕最后，他认为法

---

〔1〕 应奇、刘训练主编：《自由主义中立性及其批评者》，江苏人民出版社2007年版，第129页。

〔2〕［古希腊］亚里士多德著，吴寿彭译：《政治学》，商务印书馆1983年版，第9页。

〔3〕［古希腊］亚里士多德著，吴寿彭译：《政治学》，商务印书馆1983年版，第132页。

律对于国家有着极其重要的作用，同时公民美德对于一个良好的政体来说也是必需的。法律在他看来是集体智慧所形成的，可以避免个人的兽性因素，城邦的一切政治事务都要以法律为基础，“法律应在任何方面受到尊重而保持无上的权威”，[1]其法治思想成为近代自由主义自然法、法治思想的重要来源。亚里士多德认为优良的城邦需要有好的公民美德，“现在这个社会已经成为一个政治体系，那么，公民既然为他所属政治体系中的一员，他的品德就应该符合这个政治体系”。[2]他进而认为人的德性分为道德和理智两个方面，并且需要在政治生活中践行各种德性，在所有的德性中公正是第一位的，“具有公正德性的人不仅能对他自身运用德性，而且还对邻人运用其德性”。[3]

总之，自由主义是一种源起于西方的价值观念，要探讨自由主义的真实内涵，就必须先从西方自由主义的源头开始审视，了解其发展与变化。虽然学界普遍认为自由主义是近代伴随着资本主义出现的，但把古希腊时期的政治哲学作为自由主义的理论原型是贴切的，比如古希腊时期的理性主义的怀疑精神、原子论、公民美德和契约论的雏形、经验主义及价值多元论等思想都对近代自由主义核心理念做出了贡献，尤其是古希腊的城邦政治理念、共和主义思想对自由主义国家观产生了重要影响。但这个时期的“自由很少意味着个人免于共同体的控制，而仅仅指一种参与其决策的权利”，[4]并且古希腊时期的自然权

---

〔1〕［古希腊］亚里士多德著，吴寿彭译：《政治学》，商务印书馆 1983 年版，第 192 页。

〔2〕［古希腊］亚里士多德著，吴寿彭译：《政治学》，商务印书馆 1983 年版，第 120~121 页。

〔3〕［古希腊］亚里士多德著，廖申白译：《尼各马可伦理学》，商务印书馆 2003 年版，第 130 页。

〔4〕［英］约翰·格雷著，曹海军、刘训练译：《自由主义》，吉林人民出版社 2005 年版，第 4 页。

利观念是以义务为基础的。

二、近代国家的产生：社会契约论与天赋人权学说

自由主义政治哲学的直接起源可以追溯到 17 世纪的天赋人权、社会契约论等观念的提出，为了保护个人平等的权利，人们通过签订契约让渡了自己的权力，从而形成了近代国家，并且国家的权力是要进行限制的，这样才能保障个人权利不被侵害。

（一）霍布斯的人性理论与自然法

西方思想史上中世纪之前都在宣扬人性本善的观点，希望把政治道德化，使政治从属于道德，对人性的观点都是从利己主义出发的，到了中世纪基督教政教合一时期政治甚至成了神学的附庸。到了文艺复兴时期出现了转折，马基雅维利提出了人性恶的主张，认为人类天生都是自私自利、见利忘义的，并把性恶论作为其政治学理论体系的基础，第一次把人性恶引入了近代政治原则之中。到了霍布斯那里人性恶的观点得到了继承，只不过霍布斯是从个人的心理角度而不是从经验角度来分析的，霍布斯认为人的私利决定了人性都是恶的，是自私自利的。在国家成立之前人类是处于自然状态中的，没有法律，也没有权威，每个人都是平等的，也是自由的，但是由于私利的存在，人们之间难免会产生争夺，“任何两个人如果想取得同一东西而又不能同时享用时，彼此就会成为仇敌。他们的目的就是要自我保全，有时只是为了自己的欢乐；在达到这一目的的过程中，彼此都力图摧毁或征服对方”。[1]

为了避免出现人人互相为战的状态，霍布斯提出了自然法

〔1〕［英］霍布斯著，黎思复、黎廷弼译：《利维坦》，商务印书馆 1985 年版，第 98 页。

理论，并从中推导出个人的权利和义务。自然法作为一种人内心的约束可以促使人们摆脱自然状态下人侵害人的情况，能够实现人与人之间和平的生活。霍布斯认为“自然律是理性所发现的戒条或一般法则。这种戒条或一般法则禁止人们去做损毁自己的生命或剥夺保全自己生命的手段的事情，并禁止人们不去做自己认为最有利于生命保全的事情”。[1]自然法所表达的基本价值观念为公平与正义，这是对个人利益的合理的、有效的保护。“霍布斯推导出公民联合体这样一个人造物。这是一种由一个拥有无限权威的强制性主权所保障的和平状态。”[2]处于自然状态中的人为了生命的保存这个目的，在个人理性的驱使下相互间订立了契约，组成了国家从而进入到了和平的社会状态，目的就是保全自己得到更满意的生活，“要使自己脱离战争的悲惨状况”。[3]所以，国家通过人们订立的契约产生了，国家的本质就是主权，从而论证了国家存在的价值和理由，国家的功能就在于保护每一个人的自然权利。霍布斯从人性论、自然法、社会契约论论述了国家的起源和本质，奠定了西方近代国家学说的基本模式。

（二）约翰·洛克的社会契约论与国家起源

学界比较一致地认为自由主义的真正起源是在近代，特别是到了17世纪末开始的启蒙运动时期，自由主义开始在观念系统上变得完整，这个时期的理论主张发扬理性、提倡宗教宽容、捍卫思想自由、要求以自然神论替代教会神学，要求经济自由，

---

〔1〕［英］霍布斯著，黎思复、黎廷弼译：《利维坦》，商务印书馆1985年版，第102页。

〔2〕［英］约翰·格雷著，曹海军、刘训练译：《自由主义》，吉林人民出版社2005年版，第12页。

〔3〕［英］霍布斯著，黎思复、黎廷弼译：《利维坦》，商务印书馆1985年版，第134页。

建立权力分立且相互抗衡的政府体制。近代自由主义集大成者，英国启蒙运动的先行者，主张天赋人权的约翰·洛克可以说是近代自由主义政治哲学思想的鼻祖。洛克的自然权利与霍布斯不同，洛克的自然状态是和平的状态，同时，自然权利是在自然法的保护下每个人都平等享有的权利。洛克认为自然法即理性起着支配作用，让每个人都能出于理性而彼此尊重生命、自由和财产权，这些权利是上天所赐予的。

洛克提出了一套个人权利理论，并提出政府要得到被统治者的同意。洛克认为在自然状态下，由于缺少一种既定的法律来调解纠纷，并且没有公正的裁判者，出现了判决也难以得到应有的执行，所以这些诸多的不便使得国家的出现成了一种必要。“这就是立法和行政权力的原始权利和这两者之所以产生的缘由，政府和社会本身的起源也在于此。”〔1〕为了调解人与人之间的纠纷，避免出现对个人权利的侵害，需要一个具有权威性的裁判者来定夺对与错，这个角色就是签订契约产生的国家。在此基础上，他提出了分权学说，认为国家权力分为立法权、执行权、对外权。并且，他主张的政府是有限政府，政府的权力要受到契约的限制，政府的目的就在于保护人们的权利不受到危害。其次，他认为个人的自由需要法律的保障和维护。这就意味着个人的自由并不是绝对的，“在他所受约束的法律许可范围内，随其所欲地处置或安排他的人身、行动、财富和他的全部财产的那种自由，在这个范围内他不受另一个人的任意意志的支配，而是可以自由地遵循他自己的意志”。〔2〕

---

〔1〕［英］约翰·洛克著，叶启芳、瞿菊农译：《政府论》（下），商务印书馆1964年版，第78页。

〔2〕［英］约翰·洛克著，叶启芳、瞿菊农译：《政府论》（下），商务印书馆1964年版，第36页。

洛克的“天赋人权”强调自由、生命、财产的主张成了西方自由主义的核心信念，此后欧美各国的人权口号乃至建国的主张都体现了洛克的自然权利理论。在此之前，“西方人并没有天赋人权的想法，但是经过近代政治社会的变迁，以及若干思想家的大力提倡，自然权利的观念逐渐变成不证自明的信仰”。[1]同时，洛克的法治与分权的思想，宗教宽容主张也为现代民主制度的建立和完善提供了一定的理论基础。总之，近代自由主义从此开始把人的自由平等权利作为其立论的基础，并且把国家看成了是为了协调人与人之间关系而通过订立契约而出现的产物。换言之，从此时开始，近代自由主义政治哲学研究的核心就清晰了，那就是个人和国家，即个人权利需要国家的保护，国家存在的目的在于维护个人权利，而这一切的关键在于政府的权力要得到人们的同意，也就是国家统治是否能得到人民的认可。

从以上阐述可以看出，自由主义是近代的学说和意识形态，“当人们追溯自由主义的历史时，一般会以 17 世纪英国革命作为起点，特别是以洛克作为第一个真正具备自由主义特征的思想家”。[2]从本研究的对象民族建构的角度来说，民族建构的主导者为国家，其过程就是国家经过民族建构获得族裔背景的公民的认可与忠诚。宗教改革导致了基督教世界的分裂与近代资本主义经济的发展，全国性市场的形成让商品经济的交流从地域上来说更为广泛，产生了具有中央集权化特征的绝对主义国家，国内经济、政治一体化的趋势得到不断加强，并且资产阶级成了政权的掌控者，具有包容性的世俗国家的出现成了一种必然。于是现代民族国家也就产生了。可以说自由主义的焦点

---

〔1〕 江宜桦：《自由民主的理路》，台北联经事业公司 2001 年版，第 54 页。
〔2〕 李强：《自由主义》，东方出版社 2015 年版，第 16 页。

是个人，但这种学说在某种意义上是一种国家学说，是伴随着民族国家的产生而出现的，其核心是一套关于个人、社会、国家关系的理论，近代自由主义主要是以争取个人权利和实行宪政为目标的。

（三）功利主义伦理学及其政治观

近代自由主义一个基本的立场就是个人主义，尤其是对个人意志的重视，其立论的基础是建立在自然法和自然权利理论基础上的。边沁提出了功利原则，把个人幸福的满足作为道德和立法的出发点，认为个人能通过计算每项可能的行动方案所产生的快乐和痛苦的数量来选择能保证最大快乐与最小痛苦的行动路线。密尔则实现了功利原则和自由主义的完美结合，对自由原则、民主原则进行了全面阐述。密尔认为社会人具有个人和社会的双重属性，个性代表的差异性是由个人的身份背景决定的；社会性代表共同性，是人类社会存在的基础。他认为人的个性是第一位的，“是个人进步和社会进步中一个颇为主要的因素”。[1]

功利主义是近代自由主义的重要组成部分，也是道德哲学的重要分支，在功利主义者看来制度设立的出发点在于个人自己的道德判断，而不是基于某种价值观之上，因此坚持多样性和自由的统一，认为“能够为社会成员创造最大幸福的行为或政策就是道德上正当的”，[2]每个人的偏好都应予以考虑。功利主义者希望把功利原则运用到政治与法律领域，对现实社会进行改造，并建立起以功利原则为基础的一套制度。近代国家的

---

〔1〕［英］约翰·密尔：《论自由》，程崇华译，商务印书馆1959年版，第66页。

〔2〕［加］威尔·金里卡著，刘莘译：《当代政治哲学》，上海三联书店2004年版，第20页。

出现是人们现实利益需求的产物，国家的保护可以使个人更安全，便利于个人追求利益，所以是一种功利的制度模式。另一方面，人们认为对权威的尊重可以带来快乐，反之则会导致痛苦，从利弊的角度人们会选择认同国家的政治统治。这一时期的自由主义体现出自由的地位高于平等和公正，同时功利主义取代了契约论成为国家政治生活正常运转的准绳，换言之，也就是所谓的目的论取代了义务论。虽然功利主义没有长时期占据主流，并且之后受到了罗尔斯等人的怀疑与批评，但以功利原则衡量集体行为是否正当的主张，一定程度上对自由主义一元的价值论以及原子化的个人主义进行了反思。

三、对国家权力的限制：公私领域的划分

伴随着 17 世纪西欧现代民族国家的陆续建立，资产阶级掌控了国家权力，到 19 世纪随着资本主义的发展，西欧民族国家的发展进入了一个巅峰时期。这一时期受文艺复兴运动的影响而引发启蒙运动，随着神权政治的崩盘，启蒙运动核心特征之一的理性主义成了分析政治与社会的理论框架。理性主义使得人们在民族国家建立后，开始重视国家内部的差异性问题，这些差异主要表现在文化、语言、习俗、族群等方面，人们出于理性开始接受这些不同的差异，在此基础上达成了共识，这种共识集中体现为民族情感和民族认同，随之把国家这个暴力机构视为了一种保护机制来保护自己的生存和发展，从而培养出了人们对国家的忠诚感，塑造出了国家认同，换言之，民族国家因获得了观念上的支持而取得了政治上的合法性。

如前所述，启蒙运动代表人物霍布斯、洛克等人都表达了对自由、平等的强烈要求，随着 19 世纪民族国家政治、经济的发展，这时的自由主义变得保守而不再革命，目的是维护资产

阶级的根本利益，个人自由成了当时自由主义政治哲学的核心价值，同时功利主义也取代了契约论。自由主义政治哲学作为主流思想开始思考个人、社会、国家之间的关系问题，主张个人权利是不可侵犯的，作为首要价值的个人自由超过了平等，具有至高无上的道德地位。此外，社会的发展离不开多样性，多元社会的特征开始显露，尤其是文化、习俗、传统上的多样性，在多样性的背景下个人实现幸福生活的前提就是个人自主性或自由权。为了保障人们的自由，国家需要通过权力来设计一套原则和制度。为了避免专制情况的发生，需要对统治权力进行限制，托克维尔、密尔等人认为要建立有限政府，主张实行代议制政府，洛克、孟德斯鸠等人提出了权力分立的要求。同时，为了避免国家权力过于广泛而导致对个人自由的侵犯，并调和国家权力和个人自由之间的矛盾，社会作为中间调和剂开始成熟，国家与社会关系的区分体现为公共领域与私人领域的划分。

在自由主义看来，国家只是维护个人自由的一种工具，为了对国家权力进行限制，把个人生活分为了公共领域和私人领域。哈贝马斯认为所谓公共领域，“我们首先意指我们的社会生活的一个领域，在这个领域中，像公共意见这样的事物能够形成。公共领域原则上向所有人开放。公共领域的一部分由各种对话构成，在这些对话中，作为私人的人们来到一起，形成了公众”。〔1〕自由主义对公私领域的划分，主要体现为“公民社会与国家的关系，或者是社会领域与政治领域的关系”，〔2〕公共

〔1〕 汪晖、陈燕谷主编：《文化与公共性》，生活·读书·新知三联书店 1998 年版，第 125 页。

〔2〕 ［加］威尔·金里卡著，刘莘译：《当代政治哲学》，上海三联书店 2004 年版，第 691 页。

领域和私人领域的二分法可以追溯到古希腊时期的政治学，那时的城邦生活就代表了公共领域。密尔也认为公私领域必须要进行区分，“在人们彼此相对的行为中，一般规律必须受到注意并得到遵守，以便人们可以知道他们必须作何期待；但是在每人只涉及自己的事情中，他的个人自动性就有权要求得到自由运用”。〔1〕这就意味着只要个人的行为不会干涉到他人的自由和利益，那么政府是没有权利加以干涉的，不管他是同性恋、嗜酒还是其他行为。金里卡就认为“自由主义的政治视野不包含任何独立的共同体原则，如共同的民族性、语言、文化、宗教、历史或生活方式”。〔2〕

自由主义对公私领域的划分是为了保障个人的权利不受到国家的侵犯，国家权力被限制在一定的范围之内，并且个人如果没有意愿是没有义务参与到公共领域中去的。汉娜·阿伦特被认为是提出公共领域的代表性人物，其行动理论提出在公共领域中通过政治行动的沟通和表现，“人们在言行中表明他们是谁、积极地展现其个性，从而使自己出现在人类世界中”，〔3〕从而实现她所谓的政治自由，促进因人与人之间互动而构成的公共空间。在此基础上，公共领域主要是个人政治行动的主要场所，与政治权利、经济生活密切相关，并且通过与他人的交谈、协商的过程而体现出人的政治属性；私人领域则是家庭生活、个人私生活的范围，是个人的隐私所必要的隐蔽场所，也是进入公共领域的前提条件。

公共领域中公共、一致的特性与私人领域个体、多元的特

---

〔1〕［英］约翰·密尔：《论自由》，商务印书馆 1959 年版，第 91 页。

〔2〕［加］威尔·金里卡著，刘莘译：《当代政治哲学》，上海三联书店 2004 年版，第 376 页。

〔3〕［美］汉娜·阿伦特著，竺乾威等译：《人的条件》，上海人民出版社 1999 年版，第 182 页。

征间存在着矛盾，使得自由主义在对待文化、种族、性别上的差异时都忽视这些因素的客观存在性，认为在平等的公民身份条件下，各种多元的价值及差异都是属于私人领域的。换言之，从民族建构的角度来分析的话，对于族群成员的文化身份的选择、对是否保存发展其差异文化的态度，自由主义认为这个是个人理性选择的结果，即使出现了不平等的现象也是合理的，国家没有义务来处理族群文化上的差异与平等问题，并且有目的地把所有与族群有关的问题都归结为是文化问题，是私人领域的，从而为国家不便干涉的理由提供了依据。实际上，这种文化上的宽容与平等极易导致隐性的文化歧视，“本质上是一种制度文化，不是族群文化”，[1]将会形成为主导族群利益所服务的、以限制社会流动性为目标的制度性歧视。

四、国家中立性的维度：多元价值观的不可通约性

主流自由主义普遍把自由与平等视为一种基本善，但随之就发现不仅自由主义所宣扬的基本善与其他多元的善之间有着冲突，并且自由主义基本善内部也存在着矛盾。由于价值多元引发了现代性危机，自由主义需要寻找新的范式维护其理论的合理性及具体原则的合法性，以罗尔斯为主的一些思想家认为中立性原则是对多元主义的最佳回应，自由主义不再主张某种价值观，而只是提供一种可供个人追求幸福生活的权利结构。面对多元社会的现实情况，为了达成不同价值观念之间的共识，罗尔斯的政治自由主义理论从一种政治的正义观念出发，最后有针对性地提出了重叠共识理论，而要达成重叠的共识需要保持一种善观念的中立，“价值观念的不可通约性是一种人类学或

〔1〕 江宜桦：《自由主义、民族主义与国家认同》，台北扬智文化事业股份有限公司1998年版，第108页。

历史性的真理，需要从一个不偏不倚的旁观者的超然立场来理解”，〔1〕这种中立性必须要依赖于之前阐述的公私领域的划分。

（一）自由主义中立性的内涵

由于自由与平等经常发生冲突，中立性可以说是自由主义最显著的特征。中立性原则一直伴随着自由主义理论的发展，中立性原则可以是一种普遍的政治原则，也可以是一套具体的政治制度。对中立性的具体阐释是仁者见仁、智者见智的，不同学者把中立性分为了目的中立性、程序中立性、后果中立性、辩护中立性等好多种中立性。〔2〕可以简单理解为国家应该对不同的善的观念保持中立，“政府将其公民作为平等的人来对待，政府只是在该平等所要求的程度上保持道德中立”，〔3〕国家在什么是美好的生活这个问题上保持中立，让个人能够平等、自由地追求他所认为的美好生活就是中立性原则的内在要求。约翰·罗尔斯提出中立性原则，并认为正义原则必须是中立的，这是罗尔斯正义理论的基础。在此之前中立性这个概念“在20世纪70年代之前的自由主义著作中都是找不到的”。〔4〕但在自由主义思想中还是可以找到中立性的一些端倪，如洛克的宗教宽容思想，密尔的自由权利优先的思想，康德所坚持的权利优先于善，主体优先于目的的主张，等等。

由于当代社会呈现出多样性的特征，人们生活的社会情景也存在着差异，运用的实践也是不同的，这样就会形成多样性

---

〔1〕［英］约翰·格雷著，顾爱彬、李瑞华译：《自由主义的两张面孔》，江苏人民出版社2002年版，第42页。

〔2〕［美］约翰·罗尔斯著，万俊人译：《政治自由主义》，译林出版社2000年版，第202~206页。

〔3〕［美］罗纳德·德沃金著，张国清译：《原则问题》，江苏人民出版社2008年版，第256页。

〔4〕［英］约翰·格雷著，顾爱彬、李瑞华译：《自由主义的两张面孔》，江苏人民出版社2002年版，第26页。

的价值观念，在此基础上会形成各种善的观念。这些善的观念是众多的，不同善之间的价值是难以进行比较的，很难说清一种善比另外一种善更有价值，各种善相互间是无法进行比较的。此外，人们善的观念在很多情况中有可能是相互冲突的，在某一种社会文化中被视为善的观念，在另外一种社会文化中可能被视为恶的观念。要对多样的善进行权衡并作出某种排列，需要在具体的情形中进行比较，国家作为“裁判者”，最好的选择就是处于中立的角度来对待多元的价值观念，即各种关于善、义务、权利、理想、美德等的观点和态度，以一种不偏不倚的态度平等地对待公民间各种良善的生活。“自由国家强调的是作为中立的调停者与个人利益的诚实中间人的角色，禁止它推行或表达任何特定的生活计划或特定的好的概念，并保证所有的成员都具有追求自己界定的目标的平等机会。”〔1〕

（二）中立原则的道德及其理论基础

平等尊重原则是现代社会普遍的价值观所共同蕴含的价值，也是罗尔斯中立原则的道德基础。自由主义认为宪法普遍规定的每个人平等的权利可以调节不同善和生活方式之间的冲突，个体在宪法规定下平等的自由权利是建立秩序良好的社会的基础，“只有当我们履行政治权力的实践符合宪法——我们可以理性地期许自由而平等的公民按照为他们的共同人类理性可以接受的那些原则和理性来认可该宪法的根本内容——时，我们履行政治权力的实践才是充分合适的”。〔2〕这些权利不会因为个人生活方式、宗教信仰、身份认同等方面的差异而受到不同的对

〔1〕［以色列］耶尔·塔米尔著，陶东风译：《自由主义的民族主义》，上海世纪出版集团2005年版，第145页。

〔2〕［美］约翰·罗尔斯著，万俊人译：《政治自由主义》，译林出版社2000年版，第145页。

待。同时，正义作为社会制度的最高美德，罗尔斯认为正义要求每个人都能拥有相同的、最大化的自由。

无论是罗尔斯的正义原则，还是其他自由主义者的主张，他们的理论基础都是个人权利和个人自由。自由主义理论赋予了个人自由相当高的地位，有效地体现了“个人主义”的特征，强调自由和权利的优先性，因为自由足以宽容各种价值，所以要给予自由以优先性。个人的自主性不仅是追求良善生活和个人幸福的前提，也是能够承担道德责任的必要条件，在个人自主下作出的选择和决定需要得到尊重，罗尔斯认为既然个人具有“理性的自主性”，那么个人所作出的选择都是理性的，国家没有正当的理由对这些选择进行干涉。可见，中立性原则要求国家在权利的作用下建立起一套普遍的原则，强调正当优先于善，最终将形成共同的价值观念及相同的良善生活。

（三）自由主义中立性的局限性

1. 中立性原则的证成必然依赖一定的价值判断

罗尔斯主张的中立性是正当优先于善的，对于各种生活方式、价值选择应保持一种中立的态度，虽然其具有极大的包容性，但要在各种不同的善中形成一种普遍的共识其实还是需要一定的价值判断的，他将这种价值判断称为公共理性，在此基础上他把公民看作是“理性的、合理的、自由而平等的”〔1〕。自由而平等的公民能按公共理性履行权利，这样人们才有可能过上好的生活，形成统一的共识。为了证成他的义务论，他认为公共理性“大致具有自由主义的品格”，〔2〕诸如个人自由、

---

〔1〕［美］约翰·罗尔斯著，万俊人译：《政治自由主义》，译林出版社 2000 年版，第 144 页。

〔2〕［美］约翰·罗尔斯著，万俊人译：《政治自由主义》，译林出版社 2000 年版，第 236 页。

平等的权利与机会这些普遍价值是不证自明的，并且具有一种特殊的优先性，同时能确保所有公民都能充分利用这些权利，而且适用于所有的目的和手段。这实际上已经形成了一种价值上的预设，是从自由的基本原则，即个人主义、自由、平等来建构的，这样就削弱了其中立性的合法性，使得其中立性原则与自由主义的价值自相矛盾，同时在其他善中会形成不同的自由、平等观，那么重叠共识是难以形成的。

2. 中立性原则追求的只是过程而不是结果

一是罗尔斯多次强调，其政治自由主义学说是为自由主义立宪民主政治服务的，目的是制定出一种政治中立的正义观念，使各种多元的价值、不同的善能基于正当理性得到认可。他根据拉莫尔的分类把中立性分为程序的中立性与目的的中立性，并且表示他支持的并不是程序上的中立，而是实质性的中立，但他所讨论的国家中立的内容与拉莫尔的程序的中立没有本质区别，依然认为基本制度和公共政策的设计要保持中立性，而不应偏袒任何特殊完备性学说。〔1〕二是政府根据所有人都能接受的共同价值来作出决定。国家中立的原则就是为了建构出重叠共识，而重叠共识主要是一种宪政的观念，强调宪政制度的秩序性。罗尔斯也多次强调其中立性只关注且只应用于最基本的政治领域，对社会领域、私人领域的关注明显不够。这就意味着文化等与群体相关的问题是属于社会领域的问题，而且人们必须对自己作出的选择和决定所产生的后果付出相应的代价，各种经济、社会及其他不平等在罗尔斯那里被认为是合理的存在，另外国家可以合理地通过排斥或反对那些不属于主流文化的人，而对文化问题表现出漠不关心的态度。因此，“自由主义

〔1〕［美］约翰·罗尔斯著，万俊人译：《政治自由主义》，译林出版社 2000 年版，第 202~207 页。

的中立是在为国家方针提供辩护时的中立，并不是就政策的结果而言的”，[1]中立性原则并不重视结果的平等，而是只重视宪法民主制度建立的过程。

3. 中立性原则在政治实践层面存在很多缺陷

首先，国家不可能做到完全的中立，必然会被特定的善理念所主导。换言之，就是国家都是有阶级特征的。诺奇克提出了一种最低限度的国家理论，认为要保持政治上的中立，因为国家的行动具有强迫的特征。但他认为即使是最低限度的国家也不可能做到完全的中立性，“这种最低限度的国家对其公民也不是中立的。毕竟，它强行履行契约，禁止侵犯行为，禁止偷盗，等等，而这些活动的最终结果会导致人们的经济状况出现差别”。[2]其次，其理论的现实参照物仅是美国社会及其公民，同时正义原则的范围过于宽广，与现实情况不符合。美国模式的宪政民主不一定在其他国家具有普世的价值，此外虽然自由主义宪政民主制度在很多国家达成了共识，但也正由于对正义的信奉太宽了，我们就无法解释“为什么我们会感到对自己的同胞公民有特殊的义务”，[3]这就意味着自由主义国家之间就无法分辨彼此，国与国之间的区别和公民对国家的义务就显得模糊而不可分。

4. 中立性原则过于强调权利而忽视了自由主义的美德

多样性的社会导致了道德危机的产生，中立性把选择权完全交给了个人，很容易导致道德标准的多样化，而罗尔斯的道

---

〔1〕［加］威尔·金里卡著，刘莘译：《当代政治哲学》，上海三联书店 2004 年版，第 398 页。

〔2〕［美］罗伯特·诺奇克著，姚大志译：《无政府、国家和乌托邦》，中国社会科学出版社 2008 年版，第 326 页。

〔3〕［加］威尔·金里卡著，刘莘译：《当代政治哲学》，上海三联书店 2004 年版，第 479 页。

德观念指的是普遍的政治美德，主要是公平、自由等基本的原则，权利高于美德，高于对公共利益的集体追求，并不是至善论所主张的某种终极善或者人们达成共识的某些基本善。所以德沃金对中立性进行了重新阐释，认为自由主义与某些良善的价值是密切相连的，比如友爱、平等及与共同体的联系，“如果一个共同体失去了道德批判的能力，也就失去了道德进步的能力”。〔1〕国家的有效运转仅靠宪政制度是不可靠的，还必须依靠公民的美德，自由主义政体期待并要求公民有一定程度的参与以及一定品质的美德，“健全的政治结构允许人们不仅作为投票者参与，而且作为对这种角色具有理性、热情和信念的道德主体而参与”。〔2〕同时，宪政需要道德的力量。“在自由主义宪政主义者看来，官方行为除非得到公共道德原则的支持，并且公共道德原则被置于公众的解释之下，否则就不具有权威。”〔3〕

罗尔斯的政治自由主义及其中立性主张仍旧没有跳出一元论的框架，虽然他正视了价值和多样性的存在，并给予了这些多元善以平等地对待，但他的最终目标还是统一于自由主义的价值观的，所以他的理论还是一种以原子论为基础的普遍主义。罗尔斯的理论强调个人自由的优先性，强调个人具有正义感和善的观念，那么先验性的平等是不证自明的，是通过“划定私人空间、解决私域交界处利益冲突的普遍规则的论证”，〔4〕但其中立性的主张对于民族国家处理族群文化多样性来说具有积极

〔1〕 姚大志：《何谓正义：当代西方政治哲学研究》，人民出版社 2007 年版，第 144 页。

〔2〕 ［美］罗纳德·德沃金著，冯克利译：《至上的美德——平等的理论与实践》，江苏人民出版社 2003 年版，第 210 页。

〔3〕 ［美］斯蒂芬·马塞多著，马万利译：《自由主义美德》，译林出版社 2010 年版，第 257 页。

〔4〕 马德普：“价值多元论与普遍主义的困境——伯林的自由思想对自由主义政治哲学的挑战”，载《天津师范大学学报》（社会科学版）2001 年第 6 期。

意义，一方面为族群文化的平等提供了理论和制度上的支撑，起到了缓解民族建构中国家与族群张力的作用；另一方面为族群保存和发展其多元文化提供了合法性依据，族群可以选择他们的良善生活，国家是无权干涉的。总之，罗尔斯的中立性原则希望“在一个公共理性的框架内，通过制度设置，尽量消除各种价值和生活方式之间的冲突，完成对两种自由的保护，实现现实乌托邦，是罗尔斯一生的学术追求”。〔1〕

五、自由主义公民身份：维系国家与个人关系的纽带

多元的现代社会使得民族国家建构需要协调好不同族群宗教信仰、生活习惯、文化传统等方面的差异性，“当代国家面临的一个中心问题是：是否可能在尊重公民信仰和利害关系的多样性的基础上，去协调其公民各种各样的活动，并在公民中间形成具有集体约束力的约定，从而赢得他们对国家的耿耿忠心”。〔2〕由于每个人对于什么是善的看法是不同的，所以对于好的生活的追求都有着自己的主张，这些对于善的不同观点是合理的，但为了实现人们之间平等的交往，需要建立一套稳定的政治秩序，让拥有不同良善观点的个人和群体需要达成共识。自由主义为了达成共识，合理对待各种多元的价值，把宽容视为理性共识的一种工具，并预测了多元的价值观将会趋同于一种共同的价值，不同的生活方式也终将消失。自由主义中立性在政治实践中可以把有着不同善的人和群体，通过他们都能接受的公平条件在特定的原则和情形中达成一致的意见，让价值

〔1〕 张国清：“在善与善之间：伯林的价值多元论难题及其批判”，载《哲学研究》2004年第7期。

〔2〕［英］理查德·贝拉米著，王萍等译：《重新思考自由主义》，江苏人民出版社2005年版，第279页。

观念各异的个体和群体能平等地生活在一起，这种公平的条件就是平等的公民身份。

公民权（Citizenship）或者称公民身份，这一概念是启蒙运动以来现代性发展的主要内涵之一。公民身份强调的是个人和国家间的一种关系，双方通过彼此之间的权利和义务紧密地联系在一起。公民身份也被称作公民资格、公民权，从民族国家产生的历史中可以看到公民身份与民主有着天然的联系，现代公民身份一般指的是宪政民主制度中个人所拥有的各种平等的公民权利。西方自由主义国家都是由公民组成的，塑造一种统一的公民身份是国家建构的有效手段。所以，民族国家的平等基础是建立在现代公民身份之上的，国家建构也是主要通过公民身份认同来进行的，作为一种政治价值观念的平等的自由权利，在政治实践中制度化为平等的公民身份。现代公民身份保障了每一个人的自由与平等，“自由主义范式把权利作为公民身份的核心，把公民身份看作是实现个人自由的手段”。〔1〕

（一）公民身份的起源及其定义

一般认为公民身份出现是在法国大革命之后，法国大革命首先建立起了公民身份的原则，随着资本主义的发展和现代民族国家的出现，现代公民身份从17世纪开始不断发展和完善并在20世纪最终形成。公民身份的源头可以追溯到古希腊时期，古希腊时期的城邦政治生活中，公民身份被归纳为“凡得参加司法事务和治权机构的人们”，〔2〕那时儿童、妇女、奴隶是被排除在外的，公民身份仅指垄断了城邦政治生活的特殊阶层。随

〔1〕［英］布莱恩·特纳编，郭忠华、蒋红军译：《公民身份与社会理论》，吉林人民出版社2007年版，代译序第9页。

〔2〕［古希腊］亚里士多德著，吴寿彭译：《政治学》，商务印书馆1983年版，第111页。

着西方政治理论的不断发展，公民身份的包容性也不断增强，洛克的“自然权利”把人的权利粗略地分为生存权、自由权和财产权，可以说洛克的自然权利学说奠定了自由主义公民身份的基础；随着社会契约论的兴起，启蒙运动对人的关注及法国大革命的“公民”概念进一步明确了国家和公民之间的关系，即国家对公民权利的保护及公民对国家的服从。今天无论个人拥有何种族群身份、社会阶层、具体职业，在西方绝大多数国家里所有成年且神智正常的居民都属于公民，从而拥有相应的公民权利并需要履行必要的义务。

总体而言，公民身份概念“本质上指的是社会成员身份在现代政治共同体中的性质”。[1]公民身份是“个人同国家之间的关系，这种关系是，个人应对国家保持忠诚，并因而享有受国家保护的权利。公民身份意味着伴随有责任的自由身份”。[2]公民身份不仅与自由民主制有着内在联系，自由主义认为公民身份意味着个人权利的优先性，国家不仅要保护好个人权利并且要受到公民意愿的制约；同时，公民身份也是建立在公共领域与私人领域划分基础上的，自由主义中立性认可了善的多样性，但需要一个框架把多元善的存在在国家实践层面统一起来，公民身份成了把价值观、生活方式多样的个体统一到共同体中的有效手段。这种政治成员资格突出了个体与政治之间的关系，一方面是关于个人权利和资格的理念，另一方面是关于个人对共同体的义务和忠诚。所以，“公民资格理论现在普遍被视为对

〔1〕［英］布莱恩·特纳编，郭忠华、蒋红军译：《公民身份与社会理论》，吉林人民出版社2007年版，第3页。

〔2〕美国不列颠百科全书公司编：《不列颠百科全书国际中文版》（第4卷），中国大百科全书出版社1999年版，第236页。

较早的制度正义理论的必要补充”。[1]

（二）公民身份的内涵及其本质

公认的对公民身份作最权威的论述是英国社会学家 T. H. 马歇尔，他在 1949 年完成的《公民资格与社会阶级》被普遍认为是第二次世界大战后对以权利为核心的公民身份最有影响的一文。马歇尔对公民身份的历史进行了考察，在此基础上他提出可以把公民身份区分为三种类型，即公民权利、政治权利和社会权利。“公民的要素（civil element）由个人自由所必需的权利组成：人身自由，言论、思想和信仰自由，拥有财产和订立有效契约的权利以及司法权利……政治的要素（political element），我指的是公民作为政治权力实体的成员或这个实体的选举者，参与行使政治权力的权力……社会的要素（social element），我指的是从某种程度的经济福利与安全到充分享有社会遗产并依据社会通行标准享受文明生活的权利等一系列权利。”[2]三种要素代表了公民身份所包含的三种权利。公民权利是于 17 世纪出现的，要求的是市民权利或法律权利，主要包括自由、财产、公正等权利；政治权利是在 18、19 世纪得以确立的，主要是公民作为政治共同体的成员参与国家政治生活的权利，一般通过选举与被选举得以实现；社会权利是在 20 世纪建立的，主要强调经济与社会保障方面的权利，如教育、医疗、失业、养老等权利，目的是减少某些社会不平等，在西欧的福利国家中得到了体现。

公民身份的本质就是要平等地、完整地对待每一个社会成

---

〔1〕［加］威尔·金里卡著，刘莘译：《当代政治哲学》，上海三联书店 2004 年版，第 515 页。

〔2〕 T. H. Marshall, “Citizenship and Social Class”, in T. H. Marshal and Tom Bottomore eds., *Citizenship and Social Class*, London and Chicago: Pluto Press, 1992, pp. 8 ~ 10.

员，这种平等的地位的获得就是以公民身份的获得为标志的。马歇尔的公民身份理论体现出了一种公民身份的进化观，其出发点是对公平身份所追求的个人平等与西方阶级社会中的不平等现实展开的思考，他认为公民身份有助于包容阶级冲突造成的社会分裂的影响，地位平等比收入平等更为重要，也就是意味着地位上的平等实现了，其他方面的不平等是可以接受的。就像布莱恩·特纳所认为的，马歇尔的公民身份理论是“自由主义政治遗产对于民主与资本主义关系问题的回应，……，即如何协调形式平等与社会阶级持续分化之间的关系”，[1]对于这个问题的回答，马歇尔认为就是福利国家，福利国家制度设计可以缓和阶级分化及社会不平等现象对民族国家的冲击，从而促进个人对共同体的认同、归属与忠诚。在以上三种权利中公民权利、政治权利一般来说是以一种消极的形式存在的，也就是这种自由的实现原则上强调“免于”国家的干预；而社会权利则是一种积极的权利，因为这种权利的实现需要依靠国家的主动干预。

（三）对现代公民身份的分类

从政治哲学的角度来看，公民身份的意义就在于通过权利和义务的关系来协调好个人和政治共同体之间的关系。根据不同范围和层次的公民身份，可以把公民身份分为国家层次的公民身份、次国家层次的公民身份、地区性的超国家层级的公民身份以及后现代的全球公民身份；根据平行的公民身份可以把公民身份划分为不同国家的公民身份，或一个国家内部多重的公民身份，如公民对家庭、工会、宗教群体、环保组织、族群等群体的归属感，一个现实中的公民都会拥有多重的公民身份。

---

〔1〕［英］布莱恩·特纳编，郭忠华、蒋红军译：《公民身份与社会理论》，吉林人民出版社2007年版，第7页。

布莱恩·特纳根据公共与私人空间的划分、上层主导与下层自发的划分为依据，把公民身份分为革命背景的、被动民主的、自由多元主义的、平民威权的四种普遍的亚类型。[1]根据自由主义民主宪政制度下国家与个人的内在联系，从政治哲学的角度分析个人权利在共同体中的运行情况，则可以把公民身份分为消极的公民身份和积极的公民身份两类。

消极的公民身份是自由主义的公民身份所倡导的，其理论以个人主义为基础，建立在近代自然权利之上，强调的是个人权利的至上性。公民身份是一种保障措施，意味着国家需要保护好个人的平等权利，无论是公民身份还是国家都是工具性的，只是个人追求自由的手段。在此基础上，自由主义认为个人只要不干涉他人的自由和利益，他就有充分的自由，这种充分的自由存在于私人领域之中，所以私人领域在大部分自由主义者看来是优先于公共领域的，个人只要做到守法、纳税就行，提倡一种免于政治干涉的自由，只要不愿意就不需要参与政治生活，这是一种个人权利优先于公共善的消极自由。

积极的公民身份就是共和主义的公民身份，共和主义的公民身份有着久远的历史，从亚里士多德、西塞罗、马基雅维利到卢梭，共和主义所倡导的公民美德、爱国与奉献、主动参与政治以及“公意”得到了很好的传承，强调个人对国家的责任，认为个人自由只有在国家政治生活中才能真正实现。共和主义的公民身份要求公民主动参与到国家公共生活中去，认为这才是个人自由的真正价值，政治参与可以促进“共同利益”，并且公意将确保民主制度的有效运行，起到对国家权力的管控作用；公民美德是共和主义公民身份的核心，公民美德强调个人之间

---

〔1〕 参见［英］T. H. 马歇尔等著，郭忠华、刘训练编：《公民身份与社会阶级》，江苏人民出版社2008年版，第300页。

的友爱与关怀，可以增进公民之间的交流与团结，贬低私人领域的价值所在，改变自由主义公民身份法律基础上的原子化的个人，以及私人领域造成的个人间的互不干涉与漠不关心。

（四）自由主义公民身份的完善：公民美德的作用

自由主义的公民身份相对无视了公民的责任、义务以及公民美德的重要性，体现出个体化、冷漠、偏执的一面，这也成了社群主义对自由主义批判的焦点所在。自由主义主张通过公私领域的划分，国家对于各种良善生活的中立态度，提倡不带特殊色彩的法律以及权利，但这种做法使得共同体道德、公民美德逐渐丧失了，随之而来的是一系列社会稳定、权力合法性危机等问题。反对者们认为自由主义宪政民主制需要一种积极的公民身份，“政治参与与公共审议活动不应该被视为沉重的责任或义务，而应该被视为具有内在的价值”，〔1〕这种积极的公民身份是最高的生活方式。

所以，对自由主义公民身份的完善需要实现消极公民身份和积极公民身份之间的互补，个人自由的平等权利需要国家权力的保护，同时国家权力的合法性也需要公民的责任意识和政治参与。因此，要维护好自由主义所倡导的个人自由、平等、民主与公正原则，不能离开公民美德的作用，也不能离开共同体美德所塑造的归属感、忠诚感，“自由也有赖于一大批普通公民的温和但仍很重要的贡献：宽容、尊重他人的权利、自制、反思、自我批判、节制，以及有理性地从事公民活动”。〔2〕就如卢梭认为的那样，公民的美德是重要的，人们通过契约在公意

〔1〕［加］威尔·金里卡著，刘莘译：《当代政治哲学》，上海三联书店 2004 年版，第 531 页。

〔2〕［美］斯蒂芬·马塞多著，马万利译：《自由主义美德》，译林出版社 2010 年版，第 2 页。

的最高指导下，把每个人都作为共同体不可分割的一部分，“这一结合行为就产生了一个道德的与集体的共同体”，〔1〕实际上，公民身份所包含的自主、美德和权利三大要素是彼此依存，缺一不可的。

第一，对每一个政治共同体来说，有一些美德对于保持自由民主制度是必须的。“民主制度的稳定不仅依赖于基本制度的正义，而且依赖于民主制下公民的素质和态度”，〔2〕也就是说公民的品德是制度正义理论的必要补充，盖尔斯顿认为公民美德可以概括为四个方面，“包括勇气、守法、诚信在内的一般美德；突出独立与思想开明的社会品德；有着工作伦理性、自我约束能力与适应改变能力的经济品德；尊重他人权利、能有政治诉求、评价公务员表现、能主动讨论公共事务的政治品德”，〔3〕这些公民品德体现了现代民主制对公民行使权利的要求。

第二，需要参与国家政治生活的积极公民。德沃金认为共同体中的个人生活与整个共同体生活之间有着密切的联系，那么公民个人生活的价值或良善就是整个共同体生活价值或良善的一个缩影或者说是一个分子。这就意味着一种积极的公民身份是必要的，因为公民个人的生活要有价值和意义，“为了使自己的生活获得成功，必须参与投票并确保他们的公民同胞有健全的生活”。〔4〕马塞多也同样认为“自由主义者在政治学里通常寻求的，不仅是公民私人的善（秩序、和平与繁荣），还是一

---

〔1〕［法］卢梭著，何兆武译：《社会契约论》，商务印书馆 2003 年版，第 21 页。

〔2〕［加］威尔·金里卡著，刘莘译：《当代政治哲学》，上海三联书店 2004 年版，第 512 页。

〔3〕 William A. Galston, *Liberal Purposes: Goods, Virtues, and Diversity in the Liberal State*, Cambridge: Cambridge University Press, 1991, pp. 221～227.

〔4〕［美］罗纳德·德沃金著，冯克利译：《至上的美德——平等的理论与实践》，江苏人民出版社 2003 年版，第 239 页。

种有原则的、积极的公共生活”。[1]

第三，对共同体的归属感和责任感是国家建构的一种应有之意。因为民族国家实际上是一个伦理共同体，公民不仅应该要主动参与到公共生活中，还应该强化出对彼此的责任及对共同体的归属与忠诚，就像米勒认为的对共同体的认同和爱国情感，“二者在任何情况下都被认为是实际上强有力的政治力量且现在看上去对社会福利是必不可少的”。[2]公民对政治共同体的认同可以强化爱国主义道德，这是好公民的标志，能确保合理的团结。

（五）文化公民权利的新要求

自由主义的公民身份，通过法律基础上的个人平等把拥有不同善的群体联合到了一起。一方面，把个人多元的生活方式、宗教信仰、身份认同、职业选择、休闲方式等方面的选择与追求视为属于个体私人领域方面的事情，出于善的多样性而无法给出一个评判的标准。所以，国家对这些问题是不便于干预的，也不便于主张与推行某种善的生活，“自由主义国家之所以令人向往，不是因为它促进了一种特殊的生活方式，而恰恰是因为它没有这么做”。[3]

另一方面，公民身份强调了个人的权利，弱化了个人的群体身份归属意识，由于自由主义立论的基础是原子化的个人，个人自由是自由主义的核心价值，群体权利就被自然而然地否定了，大部分自由主义学者普遍认为群体权利是多余的，极易导致压

---

〔1〕［美］斯蒂芬·马塞多著，马万利译：《自由主义美德》，译林出版社 2010 年版，第 96 页。

〔2〕［英］戴维·米勒著，刘曙辉译：《论民族性》，译林出版社 2010 年版，第 64 页。

〔3〕应奇、刘训练主编：《自由主义中立性及其批评者》，江苏人民出版社 2007 年版，第 174 页。

制、冲突、分裂，并不是自由主义权利、正义或美德所要求的。

正如安东尼·史密斯所说："在现代国家的法理型政治空间中产生的公民身份，完全有理由要求取代甚至消除一个种群（或者就是种族）内部礼俗型的成员资格。"[1] 所以，自由主义的公民身份通常没有考虑民族整合的问题，认为通过现代公民身份就可以淡化个人的族群身份观，通过普遍的成员身份而超越了阶级、族群和性别的划分，从而把少数群体整合进民族国家，并通过法律上的平等身份来建构出个人对国家的认同。因此，从历史上看，西方国家为了追求文化同质性，民族建构政策经历了一条从暴力到和平，从强制同化到自由融合的道路，如在北美为了反对熔炉同化主义所兴起的人权运动、女权运动等使得公民身份权利开始扩展到了少数群体身上。

公民身份与族群身份自民族国家出现以来就成了一个硬币的正反两面，但这种联系的细节却常常被忽视。特纳认为文化的全球化与民族国家内部的社会改革，使公民身份的内涵要相应地作出新的改变，尤其是面对族群文化多元化这一不可逆转的现实情况，"统一的公民身份理论是不合时宜的，由于存在着不同的政治和社会现代化环境，当代社会因此将形成众多不同的公民身份形式"。[2]所以，公民身份当前为国家建构提供了法律和其他权利基础上的规范性整合手段，但是面对少数群体的诉求没有得到满足而引发的矛盾和冲突却仍显得无能为力。面对这些新问题，让差异和多元都能得到平等的对待，公民身份的发展不仅要具有权利和义务，也需要具有对族群权利、群体

---

〔1〕［英］T. H. 马歇尔等著，郭忠华、刘训练编：《公民身份与社会阶级》，江苏人民出版社2008年版，第294页。

〔2〕［英］布莱恩·特纳编，郭忠华、蒋红军译：《公民身份与社会理论》，吉林人民出版社2007年版，第12页。

认同等多方面的内涵。所以，“我们必须以把文化成员身份看作是尊重个人的政治表达的一个关键点这样一个视角去补充我们对公民身份的强调”。[1]

人们不仅需要作为政治公民受到平等的尊重，也应该作为文化成员而得到平等的对待。“一个体制是否具有合法性取决于它与其国民文化传统之间的关系，以及它对国民需要满足的助益”，[2]特纳提出了文化公民身份，他认为公民身份与作为共同体成员的情感和情怀有着密切的关系，成员之间的这种联系是通过文化来维持的，并且文化也是公民美德得以传承的主要手段，他提倡一种平等的文化参与权力，即族群文化民主化，也就是“通过民族公民身份的成员资格而有效地拥有文化身份，以及继承并把丰富的民族文化遗产传承到下一代的能力”。[3]金里卡提出了在承认族群文化差异的基础上，采取一种群体差别权利，也就是差异的公民身份，可以更好地建构出少数群体对共同体的归属感。此外，艾丽斯·M. 杨的“差异政治”理论，泰勒的“承认的政治”主张其实都代表了社群主义、多元文化主义对自由主义平等的公民身份的反思。总之，这意味着实行宪政民主的自由主义国家，通过公民身份可以与某种形式的民族主义结合到一起。强势的公民身份要把公民身份这种政治认同与民族认同这种文化认同结合到一起，从而实现个人权利、公民平等、国家认同三个方面的统一，在民族国家建构中不能只得其一而不求其他。

---

〔1〕［加］威尔·金里卡著，应奇、葛水林译：《自由主义、社群与文化》，上海世纪出版集团 2005 年版，第 235 页。

〔2〕［英］约翰·格雷著，曹海军、刘训练译：《自由主义》，吉林人民出版社 2005 年版，序言。

〔3〕［英］尼克·史蒂文森编，陈志杰译：《文化与公民身份》，吉林人民出版社 2007 年版，第 17 页。

第四章

自由的民族主义：对自由主义和民族主义的融合

大部分学者都把民族主义视为一种像毒药一样的糟粕，在他们看来自由主义和民族主义是无法融合的两种意识形态。根据前面的分析我们知道自由主义所追求的是个人的自由、个人的平等，强调国家不能侵犯个人的权利，自由的平等权利的产生是居于理性的、契约的或者是功利的，崇尚立宪民主并以宪法所规定的平等的公民身份来保障个人彼此间的平等，维系国家和个人之间的纽带主要是一种政治法律关系；把族群的文化多元及平等问题看作私人领域的事情，每一个人都有选择自我身份认同的权利，国家在此问题上是保持中立的，要以宽容的态度来包容价值的多元。而民族主义则强调一种集体的归属和认同，为了实现民族团结和同质的目标，个人应该约束甚至牺牲个人的利益，自己民族的文化和价值是要优于其他民族的，看重共同历史传统、习俗、文化、价值规范等因素对个人的约束和社会化作用，强调个人对族群的依赖和归属，维系民族和个人之间的纽带则是一种文化与传统观念。所以，大部分理论家如黑格尔、波普尔、哈耶克不认为自由主义和民族主义可以结合在一起。

自由的民族主义可以看作是自由主义和民族主义结合的产物，以自由主义的理念为核心来追求个人对民族群体的归属、依赖和认同。在20世纪六七十年代的西方理论界，行为主义成了政治思想研究的主流范式，自由主义思想家研究的主流对象是平等问题、政治发展问题、政治文化问题、政治民主化问题等，而民族主义、认同与归属、多元身份资格等问题并未得到足够的重视。直到苏联解体、冷战结束，民族主义开始显现出强大的力量，各种民族国家之间、民族国家内部的族群矛盾频发，使得民族主义作为一种政治问题引发了政治思想家们的普遍关注。

“自由主义的民族主义是通向社会团结的、独特的自由主义方法”，[1]学术界兴起了一种把自由主义和民族主义相结合的想法，其目的是找到一种平衡，实现在自由主义原则的框架内包容族群的多元化诉求。自由主义者马志尼、约翰·密尔、汉斯·科恩、赫尔德等人都有过相近的论述，以赛亚·伯林虽然没有提出一套具体的自由的民族主义理论，并且他对民族主义的观点也比较散乱，但他的消极自由与积极自由概念、价值多元论的提出为自由的民族主义奠定了理论基础，为自由主义和民族主义的结合提供了一个交集点。在此基础上，耶尔·塔米尔、戴维·米勒、约瑟夫·拉兹等人完善了自由的民族主义理论。总之，“迄今为止，基于民族性去促进相互信任和社会团结是最好的方式，因为这不必限制个人形成和修正他们自己善观念的自由”。[2]

一、价值多元论：对一元论的批判与完善

（一）两种自由的概念的提出

自由是自由主义的核心概念，密尔认为自由“乃是公民自

〔1〕［加］威尔·金里卡著，刘莘译：《当代政治哲学》，上海三联书店2004年版，第489页。

〔2〕［加］威尔·金里卡著，刘莘译：《当代政治哲学》，上海三联书店2004年版，第490页。

由或称社会自由，也就是要探讨社会所能合法实施用于个人的权力的性质和限度”。[1]密尔以及其后的伯林都是继承了法国思想家贡斯当关于古代自由和现代自由相区分的思想，二者最大的区别就是私人领域的出现。伯林在此基础上把自由分为“消极自由”和“积极自由”两种。“消极自由”意味着一种不受外界干预的自由，在什么样的限度内，一个主体可以做他想做的事，而不受到别人的干涉，“如果别人阻止我做我本来能够做的事，那么我就是不自由的；如果我的不被干涉地行动的领域被别人挤压至某种最小的程度，我便可以说是被强制的，或者说，是处于奴役状态的”。[2]“积极自由”意味着成为自己主人的自由，什么人有权决定某人应该去做这件事或成为这种人，而不应该做另一件事或成为另一种人，“我希望成为我自己的而不是他人的意志活动的工具。我希望成为一个主体，而不是一个客体；希望被理性、有意识的目的推动，而不是被外在的、影响我的原因推动”。[3]

消极自由是为英美自由主义传统所推崇的，如霍布斯、洛克、孟德斯鸠、贡斯当等人，强调的是思想和良心自由，某些基本的个人权利和法治。这种自由的概念也就是“免于……”的自由，这就意味着个人在一定的范围内有追求自己的善的自由，这种行动是不容干涉的。可见，消极自由关注的是个人的权利、具体的生命、自由、财产权不受干涉的范围、除自由外还有其他美好的价值，以及提倡一种最低限度的自由。伯林把消极自由看作是一种可取的自由，这种自由划定了国家政治权

---

〔1〕［英］约翰·密尔：《论自由》，商务印书馆1959年版，第1页。

〔2〕［英］以赛亚·伯林著，胡传胜译：《自由论》，译林出版社2003年版，第189页。

〔3〕［英］以赛亚·伯林著，胡传胜译：《自由论》，译林出版社2003年版，第200页。

力的界限，对当权者的权力滥用进行了限制。消极自由认为个人自由追求善的生活存在一个最低限度的、不可侵犯的个人自由的领域，并否认了外部力量的干预，划定了私人生活和公共权威领域间的界限，“如果我们不想‘贬抑或否定我们的本性’，我们必须保有最低限度的个人自由的领域”。[1]所以，自由不仅是一种权利，一种抵制公共权力侵犯的屏障，也是一种个人追求良好生活的私人空间。

积极自由的代表为卢梭、康德、黑格尔等，他们都要求把自由看作为一种积极的权力或能力，这样个人能够主动去从事或享受他认为需要做的事情，强调的是平等的政治自由和公共生活的价值。伯林认为积极自由是“去做……”的自由，强调某人是自己的主人的自由，具有三个方面的内涵：“第一，自由不仅仅是缺乏外在干预的状态，而且意味着以某种方式行为的权力或能力；第二，自由是一种理性的自主（rational self direction），在这种状态下，一个人的生活由某种理性的欲望所主导，而不是由非理性的欲望所左右；第三，自由还意味着集体自决，在这种状态下，每个人都通过民主参与的方式在控制自己的社会环境中扮演一定的角色。”[2]伯林并不是全盘否定积极自由，只是认为积极自由蕴含着人格分裂导致两个自我，“‘积极的’自由观念，认为自由即是‘自主’，实已暗示了自我分裂交战之意”[3]。伯林认为积极自由会带来严重的危害，容易发展为专制主义、极权主义，“变成一种远远乖离原意思、晦暗隐涩的行

---

〔1〕［英］以赛亚·伯林著，胡传胜译：《自由论》，译林出版社 2003 年版，第 194 页。

〔2〕 李强：《自由主义》，东方出版社 2015 年版，第 175 页。

〔3〕［英］以赛亚·伯林著，陈晓林译：《自由四论》，台湾联经出版公司 1987 年版，第 245 页。

上观念，变成社会上的邪恶之物”。[1]

伯林提出了两种自由观点，并不是要肯定一个同时否定另一个，而是为了从多元论的角度来综合考虑消极自由和积极自由的作用，希望达到以消极自由制约积极自由的作用，从而达到一种动态的平衡。他推崇消极自由，消极自由可以提供更多的途径，否则人类的生活就会萎缩枯槁；同时，无论将积极自由或消极自由与正义、幸福、爱情等价值相混合，还是将两种类型的自由互相混合都是没有好处的。[2]他反对的积极自由是建立在价值一元论基础上的，这种情况下各种专制、极权统治就成了必然，而道德意义上的自律他是认可的。同时，积极自由所倡导的政治参与是保障民主制度的有效手段，但伯林认为如果是集体自我导向的积极自由，那么就会过度膨胀而形成一种“暴权”。同时，其消极自由的观点也受到了不少质疑。如查尔斯·泰勒认为从消极自由的内涵看，自由的限制不一定是来自外在的，也可能是来自人的无知、虚假意识及其他非理性的内在因素。[3]此外，从共和主义的角度看，马基雅维利、阿伦特、哈贝马斯都倡导一种积极的政治参与，这样才能实现人的政治价值，促进社会的公平正义，并起到民主监督的作用。

（二）价值多元论的启示：对自由主义的重构

1. 理性主义一元论的主导地位

以赛亚·伯林是一个多元论者，他反对价值一元论的主张。他认为在西方思想传统中理性主义一元论主导了人们的信念，

---

〔1〕［英］以赛亚·伯林著，陈晓林译：《自由四论》，台湾联经出版公司 1987 年版，第 51 页。

〔2〕［英］以赛亚·伯林著，陈晓林译：《自由四论》，台湾联经出版公司 1987 年版，第 62 页。

〔3〕王彩波主编：《个人权利与社会正义》，中国社会科学出版社 2007 年版，第 52 页。

一直支配着西方主流哲学。一元论意味着虽然存在众多的价值观，并且它们是可以共处的，但正确的选择只有一个，并且最后也只会有一个殊途同归的结果。西方文明的特征就是一元论，并且这种思想传统的渊源一直从古希腊流传到了今天，“无论是柏拉图还是亚里士多德都不怀疑对人类来说有一种最佳生活方式”，〔1〕并且启蒙运动思想家把自然科学领域的一元论主张运用到了人类道德哲学领域，“如伯林认为我们关于它的所有知识的分支，构成了一个合理性的、和谐的政体，人类各种目的存在着终极的统一性或和谐性”。〔2〕这就使伯林极力反对一元论的价值观，他认为一元论不仅是一种形而上学的幻想，也是造成人类历史上专制、种族屠杀等恶行的思想源头。由于当今人类生活方式的多样性，在政治、宗教、民族、文化等问题上不可能只有一个选择，不可能只有一条标准，也不可能只有一个正确的答案。非要以一元论的价值来行动的话，只会导致各种惨案的发生，这是与人类的自由本性格格不入的，他认为一元论与极权主义没有什么实质性的差别。

一元论会使人民丧失对好生活的判断与权利，只能按一种统一的标准或他人对好生活的观念行动，这时先验性地有了一个善的标准。一元论的证成前提假设了存在一个人类理性行动的基本原则和方法，在这种原则和方法的指导下人类可以过上理想的生活。事实上却是现代化的进程使得人类社会文化、族群呈现出多样性，无论在哪一个国家，社会中生活方式、国家族群多样的现象已经成了事实并且不可逆转，使得个人拥有不

---

〔1〕［英］约翰·格雷著，顾爱彬、李瑞华译：《自由主义的两张面孔》，江苏人民出版社2002年版，第4页。

〔2〕［英］以赛亚·伯林著，冯克利译：《反潮流：观念史论文集》，译林出版社2002年版，序言第4页。

止一种身份认同，拥有多样的生活方式。然而一元论价值观依然对人类多样的生活方式、族群身份的多样性等特征视而不见，以通约性、普遍的价值观念来强化人们对固有的政治体制、文化模式的认同。伯林认为这种一元论脱离了人类社会发展的历史和现实，教条式的一元价值论要么开始就预设了先验的准则，要么结果是具有共同目标和归宿，具有强制、独裁、压迫的因素。所以如格雷所言："人们有理由以不同的生活方式生活。不同的生活方式体现了人类之善各种不一致的方面。因此，在不同的环境中，都可以有一种独特的人类生活，不过，没有哪一种生活可以完全符合人类之善包括的各种对立的价值观念。"〔1〕

2. 价值多元主义的内涵

伯林批判地继承了启蒙运动中的自由思想，反对一元论的思维模式，同时吸收了多元的思想。伯林的价值多元论来源于马基雅维利、维科、赫尔德等人的多元思想，这些思想家探讨了文化多样性的价值。马基雅维利虽然没有明确宣布自己的多元主义主张，但"从他对自己所褒贬的行为作的对比中，就会产生出这样的认识"。〔2〕马基雅维利改变了一元论的先验论，对政治品德与基督教品德两种不可调和的品德作出了区分，这就意味着并不是所有的价值观都是具有通约性的。维科的文化论认为文化的进步是人们相互联系与作用的结果，每一种文化都有自己的模式，要对每一种文化的发展、生活方式等进行优劣性比较是不现实的，因为缺乏一种统一的尺度。伯林认为"在

〔1〕［英］约翰·格雷著，顾爱彬、李瑞华译：《自由主义的两张面孔》，江苏人民出版社 2002 年版，第 6 页。

〔2〕［英］以赛亚·伯林著，冯克利译：《反潮流：观念史论文集》，译林出版社 2002 年版，第 92 页。

维科之后，在一元论和多元论之间，永恒的价值和历史主义之间的冲突，注定迟早会成为一种关键的分歧”。[1]此外，赫尔德把人比喻为黏土，不同的文化塑造了不同的人性，他被称为民族主义之父，宣扬的是民族文化的差异性及其存在的价值。

总之，“维科、赫尔德、孟德斯鸠把不可通约的价值归因于那些在时间或地域上彼此隔绝的文化、传统或生活方式”，[2]这些不同的善无法进行价值上的比较，它们之间的好坏是无法比较的，并且各有各的价值。

当前人类社会文化多元化已经成了普遍的事实，移民国际化、经济全球化、互联网技术的发展使各个民族国家的主权模糊化，同时各种生活方式得到了前所未有的彰显，多样性是人类能够健康成长的生活形式的本质要求。格雷认为最佳的人类生活应该是彼此区别的，并且往往是不相容的，他进而认为价值多元主义最基本的主张是“存在着许多种相互冲突的人类生长繁衍方式，其中一些在价值上无法比较。在人类可以过的许多种善的生活当中，有一些既不会比别的好，也不会比别的差，它们也不会具有同样的价值，而是有着不可通约的——也就是说，不同的——价值”。[3]所以，多元主义既是指一种社会现象，也是指一种价值观念，作为一种价值观的价值多元主义指的是人类社会存在着不同的有关良善生活和美德的看法，这些互不相关乃至相互冲突看法的价值观无法通过统一的标准来衡量，社会中所存在的差异的价值观念和信仰却是可以共

---

〔1〕［英］以赛亚·伯林著，冯克利译：《反潮流：观念史论文集》，译林出版社2002年版，第155页。

〔2〕［英］约翰·格雷著，顾爱彬、李瑞华译：《自由主义的两张面孔》，江苏人民出版社2002年版，第41页。

〔3〕［英］约翰·格雷著，顾爱彬、李瑞华译：《自由主义的两张面孔》，江苏人民出版社2002年版，第6页。

存的。

伯林提倡价值多元论，在多元论的基础上重新定义了自由，他所说的自由“不仅意味着‘免于挫折’的意思，因为灭绝欲望即可以做到这一点，而且还含有‘可能的选择与活动，不被阻碍’的意涵”。〔1〕这就是说，个人自由要得到保护必须要从价值多元主义来行动，而价值一元论是不可能对个人自由起到有效的保护作用的。由此，他认为自由主义要保持其合法性基础，就需要在多元价值观的基础上进行重构，换言之，多元论在自由主义思想中应该是处于核心地位的。伯林的价值多元论主要包括三个方面：一是要看到不同善之间的不可通约性，没有一个通用性的价值评判标准；二是人类必须要付出代价而在不同善之间进行选择；三是没有无缺陷的完备性世界及完善的理论。伯林价值多元论的观点与罗尔斯价值中立的观点是截然不同的两条道路，伯林认为自由主义要以价值多元论为核心，这样才能让个人在消极自由的基础上作出善的选择，并且各种善之间是可以长期共存的，没有明确的最终目标；而罗尔斯认为价值中立性才是自由主义的特征，善之间的分歧可以通过中立性达成共识，各种善在最后将会趋于一致。

3. 价值多元论的价值和限度

伯林的价值多元论为自由的民族主义思想做出了重要的理论贡献。“伯林在自由主义思想界中的不同凡响之处在于，他秉承维科与赫尔德的传统，一贯批判世界公民主义或国际主义乃空洞乌托邦，一贯强调‘族群归属’与个人自由同为最基本的终极价值。”〔2〕价值多元主义的观点必然蕴含着文化因素，拥有

〔1〕［英］以赛亚·伯林著，陈晓林译：《自由四论》台湾联经出版公司1987年版，第40页。

〔2〕甘阳：《将错就错》，生活·读书·新知三联书店2002年版，第405页。

不同文化背景的族群之间也存在着不可通约的矛盾与冲突，那么不同的族群文化、语言、生活方式并不存在着地位的高低问题，所以不能用一个普遍性、一元性的价值标准去进行强制建构，要意识到族群不论大小都是平等的，并且要看到族群多元文化的价值所在。同时，其消极自由和积极自由的观点为避免族群的自我发展受到国家的侵害提供了理论依据，使族群能够大声地向国家提出更为平等的权利以消除当前的制度性不平等歧视，甚至于合理地复制了便于个人自由选择的私人领域，而提出了族群的群体权利这一有利于族群平等的要求。

伯林和格雷都承认价值多元主义对国家和个人发展的意义，但格雷得出了“无论是自由派还是平等派的原则都不能解决自由主义价值观念之间的冲突”的结论，〔1〕这就意味着无论是罗尔斯的中立性主张，还是拉兹的平等自律的主张，乃至伯林的多元论在格雷看来都是不完善的，格雷认为自由传统对“重叠共识”“审议民主”的追求是不可能实现的，他进一步深化了伯林的多元主义思想，提出了一种“权宜之计”的主张。“权宜之计”是适用于多元主义这一历史事实的自由主义宽容，这是一种认为人类可以在多种善中实现幸福生活的信念，“在这些生活形式中，有一些价值是无法比较的。当这样的生活方式相互对立时，它们中没有一个是最好的。属于不同生活方式的人们不一定就存在分歧，它们只是不相同罢了”。〔2〕

---

〔1〕［英］约翰·格雷著，顾爱彬、李瑞华译：《自由主义的两张面孔》，江苏人民出版社2002年版，第107页。

〔2〕［英］约翰·格雷著，顾爱彬、李瑞华译：《自由主义的两张面孔》，江苏人民出版社2002年版，第3页。

二、自由的民族主义：对现代公民身份的有效补充

（一）伯林的自由的民族主义理念

1. 伯林民族主义的内涵

伯林的民族主义思想继承了康斯坦丁、密尔等人的思想，他们不仅看到自由的平等权利的首要价值，同时也看到了群体生活或者说个人的归属问题的重要性，这就意味着除了以宪政民主为基础的政治认同之外，以民族情感为基础的民族认同成了民族国家政治团结的重要来源。伯林认为良好的政治秩序需要一种对于共同文化群体的归属性认同来维护。民族国家作为社会的管理者，其统治的合法性需要得到人民的认可，而这种合法性来源不仅是政治上平等的个人权利，还需要共同的民族文化，其中的民族情感是尤其重要的。

伯林对民族主义的定义并不是完整、明确的，他在不同的著作中对民族主义有不同的表述，使得其民族主义内涵广阔，并且各有侧重点，例如，他把民族主义看作一种特殊的亲缘纽带，这一纽带具有统合作用，可以把民族共同体中的成员联系起来，认为民族主义"即使在它最温和的版本即民族统一的意识里，也肯定是植根于对人类社会之间的差异，对一种特殊传统、语言、习俗的独特性，以及对长期拥有一片被注入强烈集体感情的特殊土地的深刻感觉"。[1]不管其民族主义的内涵是多么得丰富，伯林支持的民族主义都是明确的，这是"一种特定形态的民族主义——'非进攻性的'或者说'文化性的'民族

---

〔1〕［英］以赛亚·伯林著，潘荣荣、林茂译：《现实感》，译林出版社 2004 年版，第 269 页。

主义，是赫尔德式的和平的民族主义”，[1]与伯林所提出的价值多元论是吻合的，意味着民族文化不论大小都有同样的价值，应该和平共处并得到同等的重视，他认为民族主义始终是当前人类思想史中最强有力的一种思潮。

2. 伯林自由的民族主义理论的基础

他认为民族主义的产生是一个社会的传统机制受到不公正对待的反应，是其社会成员的自尊受到伤害和屈辱感的反应，民族主义最初是一种愤怒和自我肯定的情感。由于在20世纪民族压迫、民族侵略和其他不平等的现象比较常见，作为犹太人的伯林感同身受，他认为民族问题和民族主义没有得到应有的重视，他把被不公正对待的民族比喻为“被折弯的树枝”，将会对压迫者进行猛烈反击。这是因为民族主义是推动人类历史的最强大力量之一，民族主义产生的根源是“源自人性尊严受伤害或遭凌辱的感觉，源自得到承认的要求”，[2]所以，民族主义的本质并不像大多数自由主义学者所说的那么反动、偏激与邪恶。国家之间弱国需要得到强国的承认，国家内弱势群体需要得到主导群体的承认，这都是寻求平等承认的要求和斗争。如果这种承认的需求得不到满足，就难免会产生民族革命的基础，所以，“民族主义是一种对共同的民族、种族或文化感的伤害的直接产物”。[3]

伯林民族主义的观点反对启蒙运动的理性主义，强调文化的特殊性和共同体对个体的作用而否定普遍理性。伯林的思想

---

〔1〕 刘擎：“伯林与自由民族主义：从观念分析向社会学视野的转换”，载《社会学研究》2006年第2期。

〔2〕［英］以赛亚·伯林著，潘荣荣、林茂译：《现实感》，译林出版社2004年版，第292页。

〔3〕［英］以赛亚·伯林著，潘荣荣、林茂译：《现实感》，译林出版社2004年版，第297页。

具有浪漫主义色彩，推崇多样性、多元性、真诚和变化，“浪漫主义不仅是一种文学—艺术的风格，也是一种文化民族主义的政治思想”，[1]他反对启蒙运动普遍理性价值的优先性和形式理性原则的普遍性，每一个民族都有独特的文化，正是这些多样性的、不可通约的、特殊的人类特征构成了人类的确定特点，人们之间的差异是现实存在的，普遍性不能抹杀特殊性。所以，他倡导启蒙运动的宽容、自由和人类可以自由选择的理念，但是反对普遍理性的终端目的论。此外，他认为个人只是整个民族的组成部分，民族的意识是超越个人意愿之上的，浪漫民族主义与康德、费希特、赫尔德等人的理论有着必然的联系，康德的伦理道德观、自治意志学说为民族国家的存在提供了依据，客观的理性自然可以在个人与整体的关系中得到解释，把共同体认为是社会生活的真正源泉和完美实现，这就肯定了民族及相互间的差异，用突出传统和文化的方式来构建民族共同体。总之，“只有按自己民族生活的方式来行动和发挥作用，并理解这些行动和作用，才能对我过去曾经是什么以及我过去的所作所为赋予某种意义和价值”。[2]

伯林强调现实生活的归属感，反对乌托邦式的世界主义，他的理论协调了个人自由和群体活动之间的关系。首先，伯林认为民族情感是一种真实的感受，民族认同可以为人们提供心灵上的家园，这种归属感可以在民族成员受到歧视与压迫时起到保护作用，而自由主义则把民族国家看作是工具性的，是实现世界主义理想的工具和步骤，民族主义将会随着现代性而消

---

〔1〕 刘军宁等编：《直接民主和间接民主》，生活·读书·新知三联书店 1998 年版，第 95 页。

〔2〕［英］约翰·格雷著，马俊峰等译：《伯林》，昆仑出版社 1999 年版，第 108 页。

亡。其次，他认为个人自由和群体活动并不是相悖的，伯林同意赫尔德的观点，把人看作是由“他出生后所处的传统、习俗、语言、共同情感的长河所塑造的；他靠与其他人的微妙关系、靠他的社会环境才成为他自己，后者本身就是无休止的、剧烈的历史力量互动的产物”。[1]这就意味着尊严和自尊依赖于所处的社会、政治机构所体现的独特价值观念和生活方式，个人的意义只能从与民族国家的联系中获得，国家与个人是枝与叶的关系。最后，民族这个共同体类似生物有机体，这个有机体是相对稳定的，也是人性能得以充分实现的基本人类单元。“把人类个体结合成一个不可分割、无法分析的有机整体的独特关系的感悟，伯克认为这个有机整体就是社会，卢梭把它等同于人民，黑格尔则将它视为国家，而对民族主义者来说，它是并且只能是民族，不论它的社会结构或统治形式如何。”[2]

他在价值多元论的基础上提倡民族文化、生活方式的多样性，反对启蒙运动的普适主义。首先，价值多元论决定了人类社会必然会存在着多样的生活方式，以及具有不同文化的人类群体，多元的民族文化意味着不可通约性，不能用普遍的人类社会规则来进行评价和约束，这些多样的生活方式和文化都是有价值的，也就需要人们保持对这些“善”的忠诚。其次，要看到民族独特的生活方式和文化形式具有内在的多元性和排他性的本质特征。各种生活方式和多元文化不能相互混合，可以彼此共存、相互影响又不失其作为独特生活方式的特征，换言之，是多元的善、各种幸福、美德具有不可通约性在生活方式

---

〔1〕［英］以赛亚·伯林著，潘荣荣、林茂译：《现实感》，译林出版社 2004 年版，第 283 页。

〔2〕［英］以赛亚·伯林著，冯克利译：《反潮流：观念史论文集》，译林出版社 2002 年版，第 408 页。

中的体现。但是这些良善的生活具有集体特征，也就是需要个人归属于一定的群体之内才能实现，启蒙运动中的普适性的价值观带来了共性却磨灭了他认为真正有价值的个性，“属于一个既定的共同体，通过共同的语言、历史记忆、习惯、传统和感情这些摸不着又剪不断的纽带，同它的成员联系在一起，是一种和饮食、安全、生儿育女一样自然的需要，……世界主义排除了一切使人最有人性、最有个性的因素”。[1]总之，伯林认为多样的民族文化是一种宝贵的价值，“在一个没有丰富和深沉的公共文化社会中，没有艺术、科学、友谊或爱，自由性的选择将枯竭或近于无益”。[2]

3. 对民族主义类型的分类

伯林作为一个价值多元论者，不仅认识到了民族主义作为一种意识形态及行为方式的强大力量，同时也看到了民族主义是一把双刃剑，具有好与坏的两面性。当民族主义具有包容性、建构性之时它就与爱国主义交叠重合，将会为国家建构起积极作用；当民族主义是排外的、狂热的之时它就会与分裂主义相结合，具有颠覆性和残酷性。所以，伯林认为民族主义有的时候是浪漫的，有的时候却是极端的，表现出暴力性、非理性和挑衅性，作为犹太人的伯林认为诸如纳粹式的大屠杀就是民族主义最残忍、毁灭的形式，进而他把民族主义分为温和的民族主义和病态的民族主义两种类型。

温和的民族主义也被称为非进攻性民族主义、文化民族主义，是基于情感上的联系，对个人所属的政治、社会、文化结

---

〔1〕［英］以赛亚·伯林著，冯克利译：《反潮流：观念史论文集》，译林出版社2002年版，第14页。

〔2〕［英］约翰·格雷著，曹海军、刘训练译：《自由主义》，吉林人民出版社2005年版，第134页。

构的认同，这种三者合一的生活模式不能分割，并且“是某种只能被感觉和体验的东西，无法被思考，被分析，被分割，被赞成或被反对”。[1]伯林认为温和的民族主义追溯的开端是赫尔德，归属和民族精神的概念也是他提出来的，“人既要吃喝，需要安全感与行动自由，同样也需要归属某个群体。假如没有可归属的团体，人会觉得没有依靠、孤单、渺小、不快活”。[2]温和的民族主义要求的是文化上的自主权，由于不存在民族文化优越性之说，多元的民族文化是可以和平共处的。

病态的民族主义则标榜自己民族的优越性，认为本民族的文化、历史、人种、身份等因素具有至高的价值并且优于其他民族。病态的民族主义即进攻性的民族主义，是伯林所反对的，他认为这种民族主义与自由主义的原则是冲突的，表现出对自己民族文化的过度狂热推崇，以及对其他民族文化的贬低、排斥与毁灭。这种病态的民族主义主要是意识形态中的种族主义、民族沙文主义、极端民族主义、原教旨主义及文化帝国主义等，具体表现为德国纳粹主义、南非种族歧视制度、法西斯主义等。如果处于同一关系中的民族之间由于目标、利益发生冲突与矛盾，在进攻性民族主义看来要采取暴力的方式进行压制和排斥其他民族，诉诸武力使他们屈服而不是采取宽容和协商的方式来协调相互间的关系。

虽然民族主义表现形式多样，但总的来说伯林认为具有四个特征：“坚信归属一个民族是压倒一切的需要；坚信在构成一个民族的所有要求之间存在着一种有机关系；坚信我们自己的

---

〔1〕［英］以赛亚·伯林著，潘荣荣、林茂译：《现实感》，译林出版社 2004 年版，第 270 页。

〔2〕刘军宁等编：《直接民主和间接民主》，生活·读书·新知三联书店 1998 年版，第 214 页。

价值，仅仅因为它是我们的；最后，在面对争夺权威和忠诚的对手时，相信自己民族的权利至高无上。”[1]这四个特征可以作为一个标准来对民族主义的类型进行界定，不同特征在具体的社会历史条件下的相互组合，按不同的比率分配将会产生不同类型的民族主义，这就让民族主义有了极大的包容性、可变性和适应性，使民族主义能与各种意识形态结合在一起，自由主义与民族主义的结合就出现了契合点。此外，他把受了伤的“民族精神”比喻为“弯枝”，像被强力硬压下去的树枝一样，由于树枝固有的韧性，在脱离了控制后就会有强大的反弹力，民族主义很大程度上就是被压制侮辱所产生的，一旦压制的平衡被打破就会出现民族主义报复式、专横的、进攻性的激烈反弹。

4. 伯林自由的民族主义的价值

伯林企图通过价值多元主义把自由主义和民族主义结合成为一种自由的民族主义，二者结合的基础是对一些基本的价值观念形成共识，具有以下特点：首先，从个人自由的角度来看，个人的自由在于个人要能自由地作出对的选择，但是这种选择离不开个人所归属的群体文化环境，在自由主义价值观的引导下族群身份能为个人自由提供支持和保护，个人于是总是希望得到某种承认和认可。其次，自由主义推崇的个人平等权利可以推动族群内部成员之间的公正，因为人的尊严和自尊不仅依赖于个体的自由和权利，同样依赖于每个人摆脱自己作为某一民族的成员或作为某一文化传统的实践者可以遭受的压迫的自由。同时，参与到共同的文化形式中和在那些自治的或者至少在自己的事务中有自主权的社会中拥有成员地位，是大多数种

〔1〕［英］以赛亚·伯林著，冯克利译：《反潮流：观念史论文集》，译林出版社2002年版，第410~411页。

族发展繁荣的关键因素。最后，自由的民族主义有利于促进族群之间的民主化，文化的平等使得族群可以进行平等的交流，个人不仅对族群共同体也对民族国家共同体有着责任和义务，通过个人权利与共同体意识的相互作用，可以避免出现病态的民族主义。

伯林把文化多样性看作是个体自我发展的重要因素，民族情感和归属问题与个人幸福生活息息相关，大部分自由主义学者则认为文化差异性并非是人类发展的本质要素，把民族文化差异看作是人类历史发展过程中的阶段性因素，是一种具有“偶然属性的东西”仍有待超越。伯林认为他们低估了民族主义的力量和民族情感的作用，因此，他对民族主义的态度是比较客观的，既有同情又有警惕，“而在根本上他的同情是出于对自由——生活方式多样性自由——的维护，而他的警惕也是因为惧怕民族主义会压制和毁灭自由的价值”。[1]总之，“他既反对文化帝国主义，又反对病态的民族主义；既肯定和维护不能化约的文化多元性与人的归属感，又主张应有最低限度的基本共识（价值）来维持和平”。[2]伯林认为“浪漫主义的结局就是自由主义，是宽容，是行为得体以及对于不完美的生活的体谅；是理性的自我理解的一定程度的增强”，[3]从而把民族成员的忠诚与人类对于共同文化的需要联系起来，并认识到了它在现代民族国家中的重要政治表现，其实这正是他的自由民族主义之道。

---

〔1〕 刘擎：“伯林与自由民族主义：从观念分析向社会学视野的转换”，载《社会学研究》2006年第2期。

〔2〕 马德普：“价值多元论与普遍主义的困境——伯林的自由思想对自由主义政治哲学的挑战”，载《天津师范大学学报》（社会科学版）2001年第6期。

〔3〕［英］以赛亚·伯林著，亨利·哈代编，吕梁等译：《浪漫主义的根源》，译林出版社2008年版，第145页。

（二）自由的民族主义的完善与发展

同为犹太人的耶尔·塔米尔是伯林的学生，她的博士论文 *Liberal Nationalism* 是在伯林的指导下完成的，她继承了伯林的价值多元主义思想，并系统化了自由的民族主义，从人的本质出发对自由的民族主义进行了证成。她认为自由主义和民族主义是民族国家建构中两个不同维度的理论，她证明了二者之间并不是一种不可调和的冲突的关系，自由主义所倡导的“自由性与反思选择”、民族主义所倡导的“归属意识与群体美德”二者之间是可以通过一种理想的联姻共存的，二者的结合对民族国家建构可以起到积极的作用。对于现代民族国家来说，“民族主义可以提供划分国家边界的参数，支持一个共同体的国家观，这个共同体的特点是福利国家所要求的相互责任与内在的凝聚力，而自由主义则可以提供指导个人和制度行为所需要的道德原则”。[1]

1. 对自由的民族主义立论的证成

（1）把个人看作是语境化的个体，对人性的本质进行理论假设。塔米尔认为个人对他的文化身份是可以进行自由的反思与选择的，她归纳出一种语境化的个体（contextual self），并把语境化的个体作为其自由的民族主义理论的基础。她认为人性的本质是政治哲学的中心方法论问题，语境化的个体概念的提出同时受到了自由主义和民族主义的启发，因为个人的自由与其群体归属是密切相关的，个人要作出善的选择不能脱离环境，个人的自由也是在一定的环境中获得的。从国家的角度来看，任何一个号称自由民主的国家必然预设了民族的存在，这样才能解决国家分界和连续性的问题，所以，民族的价值是隐藏在

〔1〕［以色列］耶尔·塔米尔著，陶东风译：《自由主义的民族主义》，上海世纪出版集团2005年版，第144页。

自由主义的政治框架内的。

语境化的个体意味着个人不仅是自主的自我，也是根植于特定文化语境下的自我，这是一种“个体性”和“社会性”的结合。“这个人能够反思、评价并选择自己的善的观念、目的、文化与民族归属，但是他之所以能够这样是因为他处于一个特定的社会与文化环境中，这个社会文化环境为他提供了评价的标准。”〔1〕那么语境中的个体把自由主义所主张的自主性、对善的反思、选择的价值观与民族主义所主张的个人归属、民族认同、文化多元等价值观结合在了一起，这时“自由”与“民族”出现了相容，这样个体在作出选择时既可以反思民族身份，也可以反思道德身份，并且不要求同时开展这种反思。换言之，民族文化可以为个人选择提供必要参考，个人可以自主地选择自己的身份归属，可以反思民族文化并对其进行改造。

（2）把人的文化要求与个体的自由权利联系了起来。她认为人的文化要求是有正当性的，因为民族文化是个人身份的一种重要形成因素，并且民族文化能为个人进行反思与选择提供标准，这就意味着民族文化并不是固化的，“在发现我们出生其中的文化与民族的归属框架后，我们可以对它们进行批判性反思并实施我们对于未来的文化承诺与归属的选择”。〔2〕塔米尔认为要尊重民族身份的选择及其文化意味，文化共同体中的成员身份的选择是个人问题，不应该过分强调少数群体的文化权利，并认为没有必要给少数群体特殊的权利来帮助他们维护其特殊文化。并且，尽管社会资源是公平分配的，由于规模会制约少

〔1〕［以色列］耶尔·塔米尔著，陶东风译：《自由主义的民族主义》，上海世纪出版集团2005年版，第23页。

〔2〕［以色列］耶尔·塔米尔著，陶东风译：《自由主义的民族主义》，上海世纪出版集团2005年版，第28页。

数群体文化实践活动能力及文化服务的供给，使少数群体要花费更多的文化成本才能达到主导群体的标准，于是他们希望继续生活在自己的公共空间之内。

塔米尔认为文化权利是个体权利。她明确提出反对把文化权利看作是群体权利，这是因为：首先，群体权利可能会对个人的自由和权利造成侵害，并且群体权利可能会被某些人所独享。其次，群体权利的主体是难以界定的，因为民族群体不仅是变动的，而且是非正式的，是一种概念模糊的共同体，所以从理论上与道德上都无法支持给予“民族”群体权利。最后，群体权利的出发点和归宿都应该是个人而不是某个少数群体，无论是群体代表制还是比例代表制所追求的都是群体成员的利益。可见，她主张文化权利与公民权利一样应该被视为一种个体权利，文化为个人反思和选择提供了标准，那么“文化权利不仅意在保护个体遵从他们的既定文化的权利，同时也包括他们重新创造自己的文化的权利”。〔1〕

（3）把民族视为特定的文化共同体，建立在文化与民族意识的基础上。传统理论中民族和国家是同义词，二者的概念是重合的，或者是同一个概念的两个方面，一个指的是进行社会管理的机构及其领域，另一个指的是具体的政治活动中的个人，并且这些个人也是相关机构的主要组成者。她认为“民族”的概念是含糊不清的，只有在民族国家的组合中民族与国家才是同义词，否则国家的特征是主权，不是民族，指的是政府机构，是一个政治与法律组织。她考察了民族国家诞生的历史，一开始国家被视为是公意的代表，政府的权威建立在人民意愿之上，后来由于民族意识形态的扩张使得国家成员等同于民族成员，

---

〔1〕［以色列］耶尔·塔米尔著，陶东风译：《自由主义的民族主义》，上海世纪出版集团2005年版，第40页。

国家的合法性原则变成了民族主义，这样就形成了对民族国家的现代理解。

但塔米尔认为由于确定民族的标准无法统一，就使得民族自决的诉求过于泛滥了。所以她提出把民族看作是一个文化共同体，她同意安德森的观点，把民族认为是一种由文化所主导的“想象的共同体”，换言之，民族是由其成员想象力而划分出的文化共同体，是“特定类型的文化产物”。由于民族之间相互区别的主要特征就是文化，“文化被看成是具体化的行为模式、语言、规范、象征、神话，它们使得相互的承认成为可能。这样，如果且只要两个人拥有共同的文化，那么他们就属于同一个民族”，〔1〕把民族看作是文化人造物可以推导出民族自决是对文化权利的要求，也就是要求认同与承认。并且，要界定一个群体是否为民族最关键要看民族意识，这种独特的自我意识就是群体成员的身份认同感，即要认识到“归属意识”的重要性。

2. 塔米尔自由的民族主义对民族建构的阐述

（1）把民族自决权视为一种文化权利，这样可以避免出现民族国家的分裂。民族自决权关系到民族国家的政权的稳定与疆域的完整，民族自决一般指的是各民族有权决定自己的命运，可以独立于外族的统治并成立一个主权国家。但塔米尔把民族自决分为“外部自决”和“内部自决”来阐述，“外部自决”意味着人类共同体可以根据自决原则建立一个得到国际认可的民族国家；“内部自决”意味着国家内的少数族群有权决定自己族群的内部事务，并可以采取某种程度的自治。塔米尔反对具有政治特征并以分裂为目标的“外部自决”，而对具有文化特征的“内部自决”持肯定态度，认为“民族自决权突出了一种文

〔1〕［以色列］耶尔·塔米尔著，陶东风译：《自由主义的民族主义》，上海世纪出版集团2005年版，第61页。

化的而不是政治的诉求，就是说这是一种维护一个民族作为一种独特的文化实体的存在的权利”。[1]由民族是一种文化的共同体，推导出民族自决权是个人参与统治自己生活的权利，这就是说民族自决权是一种对身份的追求，是为了承认而进行的斗争，是文化权利的特殊形式，也应该被视为一种个体权利。在她看来自决所追求的是一种族群文化权利的诉求，是少数族群要求社会认同其文化特殊性，承认他们的族群身份平等的要求。总之，“由于塔米尔把民族定义为特定文化的承担者，所以她把民族自决的权利解释为其特定文化能够继续存在和发展的权利”。[2]

（2）民族国家当前仍旧是保护民族平等权利的最佳方案。塔米尔用文化对民族自决权进行了阐释，民族认同、民族生存权利的实现与维持需要在共同体之中，并通过国家这个政治法律组织才能实现。民族权利需要一个公共领域以实现自治来对文化进行自我保存和发展，这个公共领域只有国家才能提供并且只有国家才能起到抵御威胁的作用。但她所认为的合理的政治组织是拥有多个族群的民主国家，可以称为多族群国家，而不是传统民族主义所追求的同质化的单一的民族国家。塔米尔的民族主义既不鼓励分离，也不鼓励政治独立，她认为并不是任何民族都可以建立独立的民族国家，塔米尔认为以色列人、巴勒斯坦人等在历史上遭受了沉重的伤害，综合各种利弊应该建立自己的独立国家，但一些民族国家内的魁北克、加泰罗尼亚等通过分离而建国的要求她却不赞成，因为通过“民族机构

〔1〕［以色列］耶尔·塔米尔著，陶东风译：《自由主义的民族主义》，上海世纪出版集团2005年版，第50页。

〔2〕［加］威尔·金里卡著，邓红风译：《少数的权利：民族主义、多元文化主义和公民》，上海译文出版社2005年版，第275页。

的确立，自治共同体的形成，联邦或联盟国家的形成”[1]都能够实现不同形式的自治来保证他们的权利，而没有必要走上政治上的分裂从而引发各种可怕的后果。

（3）要辩证地看待民族主义及其内涵的共同体道德的价值。要辩证地评价民族主义，民族主义并不一定就代表着血腥与暴力，必然就会导致社会或政治灾难，也不一定就是仇外的、片面的、对抗的、狭隘的、以自我为中心的，民族主义也能提供一系列值得尊重和思考的道德价值。塔米尔认为民族主义为我们提供了一种宝贵的共同体道德，体现为道德义务、归属感与对共同体的忠诚。民族主义的共同体道德是对自由主义平等的个人权利与公共理性的有效补充，自由主义的个人主义及公私领域的划分会产生人们之间的漠不关心与政治冷漠，而共同体的道德与归属感则强化了人们之间的责任感与联系。其次，共同体认同的归属感可以强化合法性认同，因为深刻而重要的义务产生于身份认同与相关性，这样可以促进人们对正义原则达成更好的共识。最后，共同体的道德与义务比自由主义的个人平等更具包容性，共同体对非成员的态度更为公正并且更能关爱他人，而不像自由主义把成员与非成员彼此分得那么清楚。所以，塔米尔认为“较之绝大多数自由主义者发展出来的道德，共同体道德的发展引向一个更伟大的对于全球正义的承诺”。[2]

（4）在保持对自由价值信仰的基础上肯定民族身份的价值。民族国家存在的正当性来自民族的理由，这是民族国家之间分界最根本的依据。并且，民族国家统治的合法性基础也是民族

---

〔1〕［以色列］耶尔·塔米尔著，陶东风译：《自由主义的民族主义》，上海世纪出版集团2005年版，第68页

〔2〕［以色列］耶尔·塔米尔著，陶东风译：《自由主义的民族主义》，上海世纪出版集团2005年版，第94页。

性的，一方面公民与民族有着很大的重合性，另一方面民族认同与政治义务为合法性的基础。这就意味着国家成员能够凝聚到一个共同体中，不仅依靠平等的公民身份这一合作性的制度，也需要民族身份这一能唤起团结感与友爱感的东西。并且，个体对国家的认同与义务仅靠公民身份这样一个以法律标准为基础的形式化的概念是不够的，对国家的认同感与义务感需要建立在对民族的归属感和认同感的基础上，“这种团体承诺的道德重要性来自成员身份观念，而不是来自普遍的道德责任”。〔1〕在此基础上，她把自由的民族主义归纳为是一种温和的民族主义。主张民族主义的核心是文化的，民族主义的政治目的要围绕文化，要看到政治权力只是一种手段，文化才是最终的目的，政治行动是民族主义的组成部分，但其本质却是文化的。她认为自由的民族主义可以把民族文化的特殊性同人权的普遍性结合到一起，并且珍视个体的社会和文化嵌入性以及其自治。换言之，自由的民族主义是多中心的，倡导民族多元的价值，是根据伦理个人主义假设建构起来的，强调了个体选择的可能性与重要性，注重共同体美德与相互的责任意识，具有宽容、尊重、开放、多元的内在特征。

（5）表达了希望通过超国家组织与地方自治相结合而实现全球正义的一种期望。族群多元化的事实在世界任何一个角落都普遍存在已成了不争的事实，所以传统民族主义所倡导的“一个民族，一个国家，一种文化”从来没有将来也没有可能实现，但这种主张仍然对今天族群多元的民族国家的建构造成了直接威胁。由于民族与文化同质、经济发达、政治集权、军事发达、科技现代自足自由的民族国家是难以实现的，并且国家

〔1〕［以色列］耶尔·塔米尔著，陶东风译：《自由主义的民族主义》，上海世纪出版集团 2005 年版，第 136 页。

中立原则难免带有主流群体的价值观，而忽视了少数群体的不利处境与对其文化的特殊保护。所以，塔米尔提出要从超国家的地区性组织和地方自治来实现国家与族群之间的和谐。一方面把经济发展、军事战略、生态保护方面的决策权交给超国家的地区性组织，另一方面把建构文化的权力交给地方自治的民族共同体，这样“民族可以在享有民族自决权的同时又享有因更大的政治联盟中的成员身份而得到的利益”,〔1〕这时民族将不会再要求政治或文化上的分离，可以有效地缓解以分裂为目标的极端民族主义，所以她比较推崇像欧洲共同体一样的地区性组织，这样的超国家组织在她看来更为平等、宽容与包容差异，对小民族有着众多的益处，最终将由民族之间的合作而建构出一种国际正义的框架。

三、自由的民族主义对民族国家建构的启示

总之，根据江宜桦的观点，自由的民族主义既是民族主义的再生，也是民族主义的终结，“因为它肯定了自由主义最核心的‘个人拥有反省批判选择权利’的信条，反而放弃了传统民族主义所在意的‘民族必须寻求政治自主或独立’之理想”。〔2〕自由的民族主义拆分了民族主义强调的文化与政治相统一的理念，其核心在于把“民族”看作是一种文化的人造物，这样其群体权利就是一种个人的文化权利，并且个人拥有反思、批判、创新的自主意识，认为少数群体关于自决等多样权利的诉求都是以文化为中心的，目的是要求国家、主导族群对他们的文化

〔1〕［以色列］耶尔·塔米尔著，陶东风译：《自由主义的民族主义》，上海世纪出版集团2005年版，第156页。

〔2〕江宜桦：《自由主义、民族主义与国家认同》，台北扬智文化事业股份有限公司1998年版，第61页。

的承认，认同他们独特、多样的文化和生活方式的合理性。这就意味着民族国家建构要采用价值多元的观点来平等对待族群多元的善，自由的民族主义尝试以“文化化”的方法来缓解族群之间、族群与国家之间的矛盾与冲突，虽然并没有彻底解决民族国家族群冲突的现实，却提供了不少有益的思路，以避免人们错误地理解民族主义的内涵，并忽视族群的文化权利要求，进而引发不必要的族群矛盾。

如金里卡所说的，自由的民族主义强化了社会的团结，采取了一种相对保守的方式促进民族国家建构，“国家试图通过诉求民族理想来强化社会团结。每个国家都试图让自己的公民相信，他们构成这一个‘民族’，因此他们隶属于一个单一的政治共同体并且彼此间拥有特殊的义务。由于生活于一个国家之中的人既是公民同胞又是民族同胞，因此就有一种团结的自然纽带，也有一种实现自治的自然愿望”。〔1〕自由的民族主义把归属感与民族身份、共同体美德与责任作为民族国家权力合法性的基础，这是一种理论创新，弥补了自由主义个人主义的原子化、对平等的公民身份的弱势认同等缺陷。自由的民族主义与社群主义、多元文化主义的国家建构理论形成了共鸣，那就是“国家可以仅立于民主原则的基础之上，无需特定民族认同或文化的支持，这是神话”。〔2〕

〔1〕［加］威尔·金里卡著，刘莘译：《当代政治哲学》，上海三联书店 2004 年版，第 480 页。

〔2〕［加］威尔·金里卡著，邓红风译：《少数的权利：民族主义、多元文化主义和公民》，上海译文出版社 2005 年版，第 277 页。

第五章
社群主义集体主义价值观对民族国家构建的贡献

在前述章节已经论述了民族主义、自由主义、自由民族主义在民族国家构建问题上的基本观点。自由主义是当代西方社会中居于统治地位的意识形态，其在民族国家构建问题上的相关论点在学术界占据主导地位。从历史的角度看，自由主义思想的形成和发展经历了数百年的时间，在这段历史时期内其理论有效地适应了近代欧洲现代化的发展需求。但是民族国家当前面临着双重压力：国外全球化的各种解构，国内族群诉求的多元化与移民的跨境流动，传统的自由主义理论在面临这些困难时显得手足无措，就连罗尔斯、德沃金等大家也疲于应对，他们的理论要么在其他流派学者看来存在先天缺陷，要么因与现实情况脱节而无法实践。在这个过程中，社群主义作为一种强有力的竞争性学术思想在近年来快速兴起和壮大，向自由主义发起了深刻的挑战，形成了众多极富启发的观点。

自由主义和社群主义两种理论对于民族国家建构这一问题的观点有着明确的区别。自由主义遵循个体自由至上的原则，认为个人面对多元的善能依据自主性而作出选择，所以主张国家在多元文化、生活方式、个人道德、宗教信仰等多元善问题上要保持中立，反对族群所提出的集体权利，希望以最低程度的政治共识去包容最大限度的多元价值。而社群主义则持相反的态度，认为个人对群体的归属感及共同的使命感是其立论的基础，并且不同的群体身份背景或者说群体文化是个人作出自由选择的来源，这种因素是难以改变的，不能随意地放弃，所以国家要重视群体认同、民族认同对个人的聚合力量，同时要对群体提出的文化诉求给予积极回应。另外，社群主义主张公共美德，个人作为集体的一员要对其他成员负责，要主动地行动防止共同体因向极权发展而有失民主。本章将集中介绍社群主义的相关思想学说，首先介绍社群主义的内涵与基本观点；其次从其反对自由主义的相关论点出发阐述社群主义的具体主张；最后以社群主义的若干代表人物为核心，归纳社群主义对于民族国家建构的基本观点。

一、社群主义的内涵及其基本观点

（一）社群主义兴起的背景及其内涵

政治哲学在西方思想史中具有极其悠久的历史。在古希腊时代，以柏拉图和亚里士多德为代表的思想巨擘将政治生活视为追求至善的唯一路径，对于政治哲学问题进行了深刻的讨论，形成了以伦理学为主要特征的政治哲学体系。近代以来，如何实现自由这一问题成为西方政治理论讨论的核心，众多学者运用社会契约论这一工具，构建了以自由主义为核心的政治哲学体系。随着 19 世纪以来自由主义政治秩序的巩固，政治哲学因在一定程度上让位于新兴的政治科学而逐渐式微。直到 20 世纪 70 年代，随着哈佛大学约翰·罗尔斯《正义论》一书的出版，政治哲学才得以复兴并形成了空前繁荣的局面。西方政治哲学家们围绕罗尔斯所提出来的正义原则、中立性原则、政治自由主义，开展了前所未有的激烈争论并形成了丰硕的理论成果。

20 世纪 70 年代自由主义政治哲学占据统治地位，推进了政治哲学的发展。在罗尔斯的《正义论》出版后，在自由主义内部首先发生了激烈的争论，如诺奇克的《无政府、国家与乌托邦》基于右翼自由主义的立场，对于罗尔斯的左翼自由主义进行了深刻的批判。进入到20世纪80年代，由于自由主义政治哲学主张一种理想化而脱离现实的自由个体及对群体平等问题的忽视，社群主义得以兴起，人们把这种通过批评新自由主义而逐渐形成共识的政治思潮称为社群主义。社群（community）一词含有“社区”和“共同体”的含义，所以社群主义又被称为“社团主义”“共同体主义”。社群主义以集体作为分析问题的基本视角，肯定集体道德对个人的重要性，认为个人的自主性选择离不开群体背景，并在一系列价值与原则问题上与自由主义形成较大的分歧。一般认为社群主义的代表人物包括查尔斯·泰勒、阿拉斯泰尔·麦金泰尔、迈克尔·桑德尔、迈克尔·沃尔泽、丹尼尔·A. 贝尔等人。

社群主义的学者继承了亚里士多德主义和黑尔格主义的思想遗产，以共同体为核心概念，公共善、共同价值、公民品德是当代社群主义思想的源头之所在。在西方政治哲学传统中，共同体作为一种人类的集合单位自希腊时期就受到了高度的重视，关于共同体讨论的历史十分长久。社群主义对共同体的价值是尤其看重的，不仅普遍认为民族国家的维系离不开其成员的归属感和认同感，同时，社会中历史事件和经济制度的归宿为诸如家庭、阶级、国家、民族、族群等社群，个人对群体的归属感是有着强大整合力量的向心力。群体成员对民族国家的政治认同不仅强调了公民之间的美德和责任意识，是增进社会福祉的有效途径；同时能强化族群成员对国家的奉献和义务，可以建构出具有强大号召力的爱国主义。在此基础上，社群主义对于以个人本位和个人主义为核心的自由主义思想进行了深刻的批判，构建了社群主义政治哲学。[1]

（二）社群主义理论的基本观点

在当代西方学术思想界，社群主义、新保守主义和新马克思主义构成了批判西方主流自由主义政治哲学的三大流派。作为一种新兴的思想流派，社群主义还处在发展和演化的过程中。不同的学者在理论预设、思想资源、观点倾向等方面还存在着差异。尽管如此，跳出学者之间具体的差异，从一个更加宏观的角度来思考，社群主义思想流派存在着如下方面的共通之处：

1. 在理论预设上，社群主义坚持共同体本位

在西方社会中占据主流地位的自由主义政治哲学在理论预设上坚持个人优先于社会而存在，自我优先于目的，个人的利益和权利是自由主义分析思考社会问题的前提。针对自由主义政治哲学所主张的个人优先性，社群主义认为自由主义的上述看法是虚假的和错误的。如泰勒把个人主义视为是三大“现代性隐忧”之一，过分地以自我为中心使得“生活被平庸化和狭隘化，与之相联的是变态的和可悲的自我专注，所有这些感受已经以当代文化所独有的形式回潮了”。[2]在人和共同体的关系中，个人并不是先验的存在，天生就具有优先性。现实的情况是，每个人都生活在社会纽带之中，社会生活不是简单的个人利益的相加，而是在特定的历史和文化境遇下的产物。“仅当我存在于这样一个世界里，在其中，由历史、自然的要求、我的人类同伴的需求、公民职责、上帝的召唤或其他之类东西来确

---

〔1〕 姚大志：“自由主义的社群主义批判”，载《厦门大学学报》（哲学社会科学版）2011 年第 3 期。

〔2〕［加］查尔斯·泰勒著，程炼译：《现代性之隐忧》，中央编译出版社 2001 年版，第 5 页。

定有决定性关系的事物，我才能为自己定义一个非琐碎的、同一性。”〔1〕可见，对于自我的理解并不是在抽象的概念中获得的，而是要在具体的历史脉络、文化传统和社会群体的环境中实现的。因此，社群主义认为，自由主义由于倒置了上述二者的关系，从而使得其理论预设存在着误区。不难看出，在社群主义的理论预设上，共同体具有优先性，其思想学说无不是以此为基础。

2. 在价值取向上，社群主义倡导公共善

在自由主义看来，个人权力和利益具有至高无上的地位，是神圣不可侵犯的。个人的权利和利益不容侵犯，个人的权利和利益优先于集体的利益。自由主义从本质上讲是个人本位的，它是在非常抽象和孤立的语境中来理解人性的。社群主义反对自由主义的上述主张，认为个人是生活于特定的群体，特定的历史文化环境和价值体系中的。脱离了群体、历史和环境的个人事实上是不存在的，因而也就无法真正把握人的本质。桑德尔就认为人与社会是相关的，他认为罗尔斯的社会观存在着缺陷：“一是个人先于社会，二是在这个社会中只存在着私人目的，没有共同的目的。”〔2〕从这个意义上，社群主义所强调的共同体的价值，公共利益才是我们理解个人的途径。需要指出的是，社群主义强调公共善并不是要否定个人利益，而是认为个人利益只有在社群的背景下才能够得到合理的理解。个人利益和社群利益并不是矛盾的，相反是相容的。因此，社群主义的公共善也并不是自由主义所理解的个人利益的简单相加，而是

〔1〕［加］查尔斯·泰勒著，程炼译：《现代性之隐忧》，中央编译出版社 2001 年版，第 47 页。

〔2〕姚大志：《何谓正义：当代西方政治哲学研究》，人民出版社 2007 年版，第 235 页。

超越于具体个人利益的共通利益。

3. 在现实实践中，社群主义强调国家的积极功能

社群主义在现实政治层面较为看重国家在社会生活中所发挥的积极作用，主张国家应更加积极地参与到社会问题的解决中，凸显国家在维护良善公共生活方面的价值。自由主义将国家视为威胁个人自由的“利维坦”，是一种必不可少的恶，削弱国家的作用成为自由主义的取向，要求限制国家在公共政治生活中的作用和范围，主张一种“弱国家”，这种对于国家的判断导致自由主义对于国家具有深深的警觉和提防。然而，自由主义倡导的国家中立的观点尽管无力侵害个人权利，但是在涉及族群平等、群体公正等公共问题方面同样也无所作为。当共同体的困境无法通过自身的力量化解，这种国家中立主张的弊端也就暴露无遗了。社群主义由于承认公共善的存在，因而在现实层面主张国家应该发挥更加积极的作用来保障集体的价值，化解当前所存在的群体不平等的困境。所以，社群主义偏重于积极国家的观念，主张一种“强国家”或“积极的国家”，“包括政府在内的各种政治社群应当在保护和促进公民的公共利益方面更加有所作为，为了社群的普遍利益可以不惜强化国家机器，甚至牺牲个人的利益”。[1]

4. 在理论基础上，社群主义具有整体主义和历史主义特色

人是一种复杂的存在，既以个体的方式存在，同样也以集体的方式存在，因而个体与集体之间的矛盾、张力是人类存在的内在特征。自由主义在此问题上坚持个人具有绝对优先性，社群主义则继承了亚里士多德和黑格尔等思想家的传统，形成了以整体主义为特征的研究方法。整体主义是以社会群体为本位的价值体系和方法论，将人类社群作为一切社会行为和价值

〔1〕 俞可平：《社群主义》，中国社会科学出版社2005年版，第146页。

的评价依据。社群主义主张“社会共同体的利益不是个人的简单相加，也不能简单地将社会的利益归结到个人”，[1]同样，个体的价值是在群体中形成和发展的，个体在满足群体的目标和价值的过程中实现自我。总之，共同体的健康离不开个人的归属与认同，个人作出自主性选择也离不开共同体。社群主义思想家在构建自身学说体系的过程中采用了与自由主义迥然不同的历史主义方法。自由主义诉诸抽象的社会契约和个人权利来构建学说体系，这在相当程度上导致自由主义具有浓厚的抽象性和普遍性。社群主义则回归古代历史或者通过回归集体历史的共享遗产来建构自身的学说体系。社群主义认为个人是处于一定的社会关系中的角色，他的价值观和世界观要受到具体的社会背景的影响，是社会规定和塑造了个人。所以，对于人的价值，对目的、正义、权利等概念的理解都应该回归到集体的历史传统、文化背景之中。

（三）对社群主义理论的定位

总之，社群主义并不是一个严密而统一的学术体系，而是一个共享相似思想预设，具有相似思想主张的学术流派。社群主义的出现源于学者们对自由主义的批判和超越。在支持社群主义的学者看来，自由主义所宣扬的自我优先于目的、正义优先于善、权力优先于善和个人优先于社会的主张或多或少都存在着理论假设的缺陷，是无法证成的。自由主义对于平等的个人权利、价值中立性的过度宣扬导致了社群共同体价值的消解和人类公共生活的逐步衰落。

当代西方社会所存在的问题无疑与此相关，而只有进一步加强共同体的凝聚力，维护社群的价值才能够更好地实现良善

〔1〕 常士訚主编：《异中求和：当代西方多元文化主义政治思想研究》，人民出版社2009年版，第233页。

的公共生活。在西方政治思想史的发展历程中，个人与共同体的关系问题具有久远的历史，从古希腊的柏拉图、亚里士多德到近代的卢梭、黑格尔等，这些思想家都对此问题进行了深刻的阐述。在当代政治哲学的复兴过程中，社群主义的兴起及其对于自由主义的批判更是极大地推动了对此问题的讨论。从社群主义对自由主义的批判内容来看，这种批判是全方位的，涉及自由主义政治哲学的理论预设，价值取向和研究方法等众多方面。社群主义已经发展成为一个蔚为壮观的学术流派，在政治哲学领域发挥着不可或缺的作用。

二、社群主义对自由主义的批判：对公共善与公民美德的证成

反思和超越自由主义思想学说的种种缺陷是社群主义发展的根本动力。社群主义的思想家在阐述自身思想学说的过程中，或多或少都是以自由主义为批判对象的。在政治哲学的基本理论方面，自由主义和社群主义都存在着根本的不同。自由主义认为个人权利优先于公共善；而社群主义则主张公共善优先于个人权利。自由主义承认善的存在，但是认为善体现在每一个人所追求的目标之中；而社群主义则认为共同体的善是一种终极性的存在，相对于个人具有先在性。考虑到社群主义兴起的特殊背景，通过对比性的分析自由主义与社群主义的关系是准确把握社群主义的有效途径。本节将梳理社群主义对于自由主义的批判理路，以期更好凸显社群主义的价值。本文认为，社群主义在以下方面对自由主义进行了深刻的批判。

（一）社群主义主张公共善，反对自由主义的个体善主张

在社群主义看来，自由主义是一种“原子化”的个人主义。因为在自由主义的学说中，个人是第一位的，社会是第二位的，

个人权利优先于社会，而且独立于任何社会规则。现代社会就是具有独立性的个人的集合体，在其中每个人都追求自己的利益。社会群体对于个人而言，只具有工具性价值，而不具有任何道德和伦理功能。换言之，就是个人在社会的分工合作体系中能够获得自身所需要的资源，除此之外，社会群体就没有什么功能了。自由主义“它排除了任何归属的可能性，而这种归属能够超越我们的价值和情感，融合成为我们的认同”〔1〕，无论是右翼自由主义的代表人物哈耶克，还是左翼自由主义的代表人物罗尔斯，其理论学说均秉承了这个理路。

社群主义认为自由主义的这种观念是错误的。社群本身就是一种善，社群的意义就在于社群的文化传统，以及这种资源形塑出的归属意识和身份意识。在社会群体中，个人是无法选择自我的，只能发现自我。是集体决定着自我的内涵，而自我是无法选择自我内涵的。因为“说社会成员被共同体意识约束，并不只是说他们中的大部分人承认共同体的情感，都追求共同体的目的，而是说，他们认为他们的身份——既有他们情感和欲望的主体，又有情感和欲望的对象——在一定程度上被他们所处其中的社会所规定”。〔2〕这种人类共同体小至家庭、社区，大到民族、国家。只有在共同体中并且作为共同体的一员，个人的权利和利益才能够得到理解和界定。“原子式的个人主义不可能成立，每一个个人都有他所属的社区和团体，他的自我认同不是可以任意选择的，而是被赋予的。”〔3〕这里能够清晰地看到社群主义和自由主义的对立：自由主义的理论基点是原子化

---

〔1〕 俞可平：《社群主义》，中国社会科学出版社 2005 年版，第 28 页。

〔2〕 ［美］迈克尔·J. 桑德尔著，万俊人等译：《自由主义与正义的局限》，译林出版社 2001 年版，第 181 页。

〔3〕 刘军宁等编：《自由与社群》，生活·读书·新知三联书店 1998 年版，第 7 页。

的个人，而社群主义的理论基点是社群本身。事实上，经典作家对这个问题进行了精辟的论述。

（二）社群主义反对自由主义权利优先于善的观点，主张善优先于权利

权利与善的关系是自由主义和社群主义的重要论争对象。由于坚持个人权利的优先性和方法论的个人主义，在自由主义看来，社会的善在本质上并不存在或者社会的善归根到底是个人权利和利益的聚合，社会本体论意义上的善是虚幻的，不存在的，因为权利不可能独立于社会、先于社会而存在。在自由主义的学说中，由于并不存在着共同善的位置，因此个人权利具有至高无上的地位。“自由主义的政治视野不包含任何独立的共同体原则，如共同体的民族性、语言、文化、宗教、历史或生活方式。”〔1〕与此相反，社群主义由于坚持社会本位，并且承认公共善的存在，因而在学说中主张善优先于权利，个人权利不可能是无条件的、绝对性的，即使是的话那么义务也就同样可以证成，拥有权利就意味着要承担相应的义务。此外社群主义认为，个人的权利与利益归根到底是在共同体中形成和界定的，并不存在脱离具体境遇的抽象的权利和利益。麦金泰尔认为“根本不存在此类权利，相信它们就如相信狐狸精与独角兽那样没有什么区别”；〔2〕桑德尔也认为“权利是独立于善而获得的，而非其他方式”。〔3〕因此在逻辑性方面，善优先于权利。只有形成了共同体，才能够形成个人权利与利益。

---

〔1〕［加］威尔·金里卡著，刘莘译：《当代政治哲学》，上海三联书店 2004 年版，第 376 页。

〔2〕［美］A. 麦金太尔著，朱继杰译：《追寻美德》，译林出版社 2003 年版，第 87~89 页。

〔3〕 Michael J. Sandel, *Liberalism and Limits of Justice*, The Press Syndicate of the University of Cambridge, 1982, p. 62.

（三）社群主义反对自由主义的普遍主义倾向

自由主义者认为自由主义表达了普世性的真理，罗尔斯的无知之幕为其理论的跨文化使用和在全球范围内的推广提供了支点。自由主义继承了启蒙运动的普遍主义，认为有着如正义、自由、平等的普遍政治价值，并且这些价值是不证自明的，这些价值能够在所有的现代社会中成为一种共识。“自启蒙以来，一条主要的自由主义线索始终有着这样的观念，即社会安排与习俗应该服从理性的和批评的考察，不应该对之简单地遵守和尊敬，当代自由主义更倾向于追随这一线索”，〔1〕所以基于个人权利、社会契约、同意原则等理论工具的建构，自由主义认为它提供了迄今最为完善和科学的观念体系。

但是在社群主义看来，自由主义所主张的普遍主义是虚幻的，社群主义认为任何理论体系都是环境的和历史的产物，只适应于特定的文化、民族、区域。超越地域、民族、文化等界限的普世性理论是不存在的。社群主义所主张的普遍的善就是要求人们在社会中要把公共利益放到第一位，多元的善决定了不同社会对于公共利益的看法也是不同的，并且这种公共利益是优先于个人权利的。桑德尔认为“自由主义认为正义的原则是绝对的和普遍的；人们相互之间并不足以了解对方，以至于形成共同的目标；人们可以在社会决定的目标之外决定自己的目标。由于这些论点必然是错误的，所以桑德尔建议我们放弃‘权利的政治学’，而建立‘公益的政治学’”，〔2〕这就使社群主义在理论倾向上具有特殊性的色彩。麦金泰尔也认为人的行

〔1〕［英］史蒂芬·缪哈尔、亚当·斯威夫特著，孙晓春译：《自由主义与社群主义者》，吉林人民出版社2007年版，第22页。

〔2〕俞可平：“当代西方社群主义及其公益政治学评析”，载《中国社会科学》1998年第3期。

为离不开一种“环境”，离开了环境的话，“个人行为的历史和他在时间中的变化就是不可理解的”。[1]并且，对多元论的承诺意味着当代社会会存在各种正义理论，这样来说政治价值是相对的，“即所谓雅典有雅典的正义，斯巴达有斯巴达的正义”。[2]所以，环境会制约人的实践，不可能有一种真理性、普世性的价值观。

（四）社群主义反对自由主义的中立性原则

国家中立性理论是自由主义国家观的重要特征。国家中立性源自这样一种思想，即人们是自律的主体，他们将自我决定如何指导自身的生活，政府并不能作为有权威的道德判官去强迫人们接受所谓正确与错误的观念。[3]在自由主义看来，国家产生于社会成员之间的契约和权利转让，国家作为社会成员转让权利的承担者需要发挥维护社会秩序，保障社会成员自由和权利的职责。现代社会的价值多元化要求国家在不同的价值面前不能偏袒任何一方，而要对不同的价值保持客观中立的态度。国家中立性意味着“它适合国家作为一个中立裁判员的思想，它提供了一个平坦的运动场，一个公正的框架，在其中，个人自由地用自己的方法寻求自己的善”。[4]在自由主义者看来，中立性原则体现着平等的价值，避免国家被特定的群体俘获，自由主义的国家观本质上是工具主义的，即将国家视为只是最小的国家或者“守夜人”国家。国家的价值仅限于此，自由主义反对赋予国家以道德意义和道德责任。由此我们能够理解为何

---

〔1〕［美］A. 麦金太尔著，龚群等译：《德性之后》，中国社会科学出版社1995年版，第260页。

〔2〕姚大志：《何谓正义：当代西方政治哲学研究》，人民出版社2007年版，第254页。

〔3〕［英］约瑟夫·拉兹著，孙晓春译：《自由的道德》，吉林人民出版社2006年版，第106~107页。

〔4〕［英］亚当·斯威夫特著，萧韶译：《政治哲学导论》，江苏人民出版社2006年版，第168页。

自由主义非常强调中立性原则。

在社群主义看来，自由主义的中立性原则是不现实的，并且会导致严重的社会问题。社群主义认为，自由主义国家中立原则预设的是缺陷性的自我观。自由主义的“自我观没有认识到自我是植根于并部分地由并非我们选择的公共承诺和价值预设所构成的”。〔1〕在社群主义看来，“自我的本质在于它的构成性，即它是由其目的构成的；自我被‘镶嵌于’或‘置于’现存的社会常规之中，是在他所处的共同体中形成的，不可能脱离人们赖以生存的共同体来讨论自我的目的，个人必须至少把某些社会角色和社会关系当作个人慎思的目的而给定的内容，在与他人的共同生活与共享理想中才能真正实现自己的目的，这些与他人共享的理想成为自我不可分割的构成性要素”。〔2〕事实上，任何社会群体的存在，无论是家庭组织还是国家，都需要特定的价值观念来维系群体的凝聚力。国家作为一个社群，其发展和巩固同样离不开特定的价值观念。“只有当国家保护和尊重共同体的传统或主流生活方式时，才有可能维系任何切实可行的共同体——包括那种信奉自由主义的自由价值的共同体。换句话讲，为了保护使自我决定得以可能的社会条件，需要对自我决定作出某些限制。”〔3〕

（五）社群主义主张国家应承担道德责任，反对脱离群体身份背景的生活方式与情感依附

个人主义主张的是个人的自主性，认为个人能作出各种善

---

〔1〕 寇东亮：“德性优先于权利——对社群主义理论的一种解读”，载《河南社会科学》2005年第1期。

〔2〕 王作印：“自由主义与社群主义国家观之争及其启示”，载《社会科学辑刊》2007年第3期。

〔3〕［加］威尔·金里卡著，刘莘译：《当代政治哲学》，上海三联书店2004年版，第451页。

的选择，选择的正确与否取决于两个方面，一个方面就是法律的保障作用，法律维护了权利的平等，避免了出现自私自利的情况；另外一个方面就是理性的个体所起的作用，自由、平等、合作是不证自明的，人会合理地、自律地作出自主性的选择。因此，自由主义否认共同体对个人的影响或者说否认群体身份的必要性。但就如金里卡所认为的，“在某些情况下，对正义的关注越多，就越反映出道德状况的恶化，而不是标志着道德的提升”。[1]社群主义认为人要作出理性的判断与选择，离不开群体文化对个人的影响，任何人都不是孤立存在的，都要从属于某个特定的共同体之中，遵守特定共同体的价值规范和准则。这种群体身份对于个人的价值观的形塑有着重要价值，个人作为共同体的成员要履行对其他成员的责任和义务。不存在无条件的权利，强调权利也要看到应该承担的义务。泰勒就认为“归属与对群体的意义要优先于权利的主张，我们先是认清楚自己在世界中的定位，才能谈自己拥有何种权利”。[2]同时，社群主义认为国家应该承担起更大的道德责任，所以，国家要推动公民价值观的培养与促进公民美德的形成，只有这样才能够更好地维护社群的发展。面对着现代社会中多元文化的格局，国家对于社会中良好的价值给予鼓励，对于不良的价值给予批判，同样是国家的职责所在。

（六）社群主义主张主动参与政治与社会生活

自由主义过于强调个人主义的一个最直接的结果就是公民将会日益关注自己的私人生活领域，这与个人主义所认为的社

〔1〕［加］威尔·金里卡著，刘莘译：《当代政治哲学》，生活·读书·新知三联书店2004年版，第380页。

〔2〕江宜桦：《自由主义、民族主义与国家认同》，台北扬智文化事业股份有限公司1998年版，第78页。

会的基本单元是个人的观点正好契合。新自由主义主张消极的权利，认为个人在私人领域中拥有绝对的自由，只要他愿意就可以不参加公共生活，政治参与对于一个“好公民”来说是不必要的，只要正常纳税、守法就行了。社群主义认为这种观点导致公民参与度降低，人们之间的共同兴趣将会越来越少，同时社会会变得越来越冷漠，温情的缺失将导致集体意识的涣散。可见，西方社会中原子个人主义导致个体生活的狭隘化和单一化，以及道德责任的消解和意义的衰落，对自由产生了损害，削弱了民主政治的价值，成为西方现代性的忧患。“一个人只有在其他自我表现之中才是自我。在不参照周围的那些人的情况下，自我是无法得到描述的”，〔1〕因此，社群主义主张个人要积极参与社会生活，“沃尔泽和米勒都强调，最基本的个人权利不是别的，正是个人的成员资格和公民资格，没有积极的政治参与，这种成员资格或公民资格就不能真正实现，个人也就无法享受充分的权利”，〔2〕这既是个人的认同与承认的需要，同时也是对他人的责任。沃尔泽进一步提出了复合平等与民主思想，他认为民主思想由同意和参与两个原则构成，参与是更为重要的原则，因为参与表达了民主的实质，只有履行好自己的责任和义务，个人才能真正证实个人的自由，起到监督国家权力运行的作用，保证民主制的合法性。

作为当代西方学术界颇具影响力的学术流派，社群主义对于占统治地位的自由主义进行了多方面的深刻批判，同时也证成了自己的理论主张。考虑到自由主义主导下西方社会所存在

---

〔1〕［加］查尔斯·泰勒著，韩震等译：《自我认同的根源：现代认同的形成》，译林出版社 2001 年版，第 49 页。

〔2〕俞可平：“当代西方社群主义及其公益政治学评析”，载《中国社会科学》1998 年第 3 期。

的众多政治、社会乃至文化层面的困境，社群主义的上述批判无疑具有深刻之处。西方社会对于经济利益的片面追求，消费文化的盛行，公共文化和价值的衰落，社会多元化导致的价值虚伪主义兴起等这些趋势，都反映出西方社会价值体系出现了严重的问题。正是基于上述的困境，社群主义对此进行了深刻的反思和批判，社群主义的出现正反映了西方知识界力图走出困境的努力。面对西方公共生活出现的困境，社群主义认为需要更多的公共参与，社会成员积极的公共参与一方面能够形成成员的公共精神，提供公民的主体性，塑造现代公民；另一方面只有在社群生活中才能够真正自我实现，最大限度地获得自我的价值。以上两方面内容也是维护民族国家政权稳定，促进民族一体化进程所必需的，面对自由主义主导下的困境，社群主义提供了一条迥然不同的替代性道路。

三、社群主义代表人物的主要观点

社群主义是当代西方政治哲学的重要流派，在推动政治哲学的发展和繁荣方面发挥着巨大作用。作为一个学术流派，社群主义包含了当代众多的知名学者和思想家，比如查尔斯·泰勒、桑德尔、沃尔泽、麦金泰尔等人。不同的学者由于借助于不同的学理资源和研究方法，其学术观点也存在着一定的差异。本节将选取社群主义流派中若干代表性人物的观点给予介绍和述评，以期深化对社群主义有关民族国家建构理论的理解。

（一）查尔斯·泰勒：承认的政治理论

泰勒是“社群主义大家中最具内涵性和影响力的巨擘”，被誉为“当今英语世界最具影响力和著作最丰富的思想家之一”。泰勒于 1931 年出生于加拿大魁北克蒙特利尔，当地特殊的历史和文化环境让泰勒深刻认识到语言和文化对于人的认同和表达的重大意义。在泰勒的学说体系中，人的自我认同与承认问题有着核心地位，他对加拿大少数群体提出集体权利表示了赞同，对于差异的政治进行了理论阐释并支持联邦主义的主张。

作为社群主义的代表人物，泰勒的思想学说是从对自由主义的批判角度来阐释的，重点批判了自由主义学说核心的个人主义。在对自由主义的批判中，泰勒认为基础性的工作是明确自由主义和社群主义的差异。泰勒认为自由主义和社群主义之间立论的不同最关键的是本体论的不同，自由主义主张的是原子论（atomist），而社群主义选择了整体论（holist）；同时，泰勒对这两个立论进行了不同的辩护，自由主义认为个人权利和自由是第一位的，而社群主义则认为群体的生命与集体价值才是最高目标。[1]所以，他认为自由主义主张的选择的自主性是不现实的，这种主张不可避免地认为个人是先于社会而独立存在的，这就是当代自由主义个人权利至善的基础。这就意味着"原子论赋予选择自己生活方式的自由绝对的重要性，而选择能力本身乃一跃而为人之所以为人的特质"。[2]

泰勒主张的是整体论下的自我观，他认为人是一种社群性的动物，为了让个人过上一种有意义的良善生活，泰勒提出了"框架"和"强势评价"的概念。社会环境为一个人提供了一个不可选择的框架，框架意味着一个充满了价值判断和道德的空间，框架为个人规定了有价值的生活方式。"在这种框架和视界内，我能够尝试在不同的情况下决定什么是好的或者是有价

〔1〕 参见 Charles Taylor, *Philosophical Arguments*, Cambridge: Harvard University Press, 1995, pp. 181~186.

〔2〕 江宜桦：《自由主义、民族主义与国家认同》，台北扬智文化事业股份有限公司 1998 年版，第 77 页。

值的，或者什么应该做，或者我应赞同或反对什么”；[1]强势评价指的是价值判断的出发点的问题，正确的价值判断并不是个人心理、判断与自主选择的主观结果，衡量的标准是由独立于个体之外的客观因素提供的，“事实上这些目标或善独立于我们自己的欲望、爱好或选择，它们表示着这些欲望和选择据以被判断的标准”。[2]并且，泰勒从自我与语言共同体，自我与道德空间，自我与社会想象三个层面对整体论进行了论证。语言是自我表达和自我理解的工具，任何人都只有在一定的语言共同体中才能进行自我的解释，借助语言所进行的对话是界定自我的方式。道德空间是人活动的维度，共同体中道德评价提供了个人行为选择的标准。泰勒认为人是想象的存在，自我同时处于社会想象的空间之中，社会想象赋予人的实践活动以价值，社会行动离不开社会想象。

泰勒的承认政治理论更多地是对“差异政治”以及少数群体平等的关注。他认为“承认的政治”已经成了各种少数群体的要求，成了当前政治理论研究的热点问题。他认为承认（recognition）和认同（identity）是两个不同的概念，认同意味着个体心理的自主性意识，即对他的本质特征的理解；承认则意味着个体对其身份归属根据他人而获得的客观性评价。他认为“如果得不到他人的承认，或者只是得到他人扭曲的承认，也会对我们的认同构成显著的影响”。[3]泰勒认为当前存在两种导致不平等的承认方式：一种是扭曲的承认，如对黑人和妇女贬低

---

〔1〕［加］查尔斯·泰勒著，韩震等译：《自我认同的根源：现代认同的形成》，译林出版社2001年版，第37页。

〔2〕［加］查尔斯·泰勒著，韩震等译：《自我认同的根源：现代认同的形成》，译林出版社2001年版，第28页。

〔3〕汪晖、陈燕谷主编：《文化与公共性》，生活·读书·新知三联书店2005年版，第290页。

的承认；一种是固有的等级式承认，这是社会结构性歧视的来源。所以，他主张一种“本真性”的平等承认，“平等承认的政治现在是和本真性观念一起作战的”。[1]

在此基础上，泰勒认为从认同观念中发展出了一种差异政治，这也是多元文化主义的主要观点。泰勒认为平等的承认从人类社会思想的发展上看有两条脉络，一条是所谓的普遍主义政治，主张所有公民具有相同的平等权利和资格，“无视”公民彼此之间的差异而认为法律上不存在一等或二等公民的区别，这种普遍主义政治可以追溯到卢梭理论之中，发展到今天已经得到了大众的认可；另外一条就是所谓的差异政治理论，认为应该承认个人的独特认同，即独特的文化、生活方式、宗教信仰都有其存在的价值，从而谴责任何形式的歧视行为，这一讲究尊严的差异政治也有普遍平等的特征，追求的是一种事实平等或者说结果平等。泰勒认为普遍主义的平等承认没有看到族群文化的特殊价值以及群体权利的作用，就像他认为的“多民族社会之所以可能分裂，其中一个主要原因是某个群体不能得到其他群体对其平等价值的（可以感觉到的）承认”。[2]但是，差异政治却也矫枉过正了，相关的特殊权利实践中是无法普遍施行的，同时其目的并不是实现普遍平等而是为了保持独特性，反而违背了普遍平等的原则。同时，泰勒对罗尔斯、德沃金、哈贝马斯等人主张的中立性原则、程序正义进行了批判，他认为这两种主张都是无视族群之间文化差异的，是一种隐形的不平等与制度歧视。所以，他提出一种温和的自由主义，既追求

---

〔1〕 汪晖、陈燕谷主编：《文化与公共性》，生活·读书·新知三联书店2005年版，第300页。

〔2〕 汪晖、陈燕谷主编：《文化与公共性》，生活·读书·新知三联书店2005年版，第322页。

自由主义的普遍平等原则，又主张注重差异，不能走过于极端的两个面向。

按照泰勒所提出的承认的政治，需要进行更多的民主参与。在现代民主社会中，实现多元文化之间的平等承认至关重要。在尊重个人本真性，尊重文化差异，信奉平等理念的背景下，西方社会的现代性危机才能够得以克服。基于不同文化认同的群体通过平等承认的对话来重构政治认同，自由主义的困境才能够得到化解。面对着西方现代性的挑战，泰勒认为走出困境的关键在于建构现代市民社会，现代市民社会依靠两种机制来维系社会中不同群体间的相互认同，这就是市场经济和公共领域。市场经济能够促进社会成员的分工和利益上的互惠；公共领域则提供了社会成员借助媒介进行交流和理解的公共空间，这两个方面是相互依存，缺一不可的，从而在市民社会中，个人与群体，消极自由和积极自由实现了有机结合。

（二）迈克尔·桑德尔：善的正义观念

迈克尔·桑德尔是美国哈佛大学政治哲学教授，美国人文艺术与科学学院院士，是当代社群主义的代表人物。桑德尔1953年出生于美国明尼苏达州，在英国牛津大学获得博士学位。1982年桑德尔出版了《自由主义与正义的局限》一书，从此一举成名。桑德尔的学术观点以批判罗尔斯的自由主义正义理论为出发点，构建了以社群主义为核心特点的理论体系。

桑德尔的政治哲学产生于对正义论的批评过程中，桑德尔指责罗尔斯的自由主义是一个道义论的、无承担的、自我无法区分自我和自我的目的，因而其设计的自我是无法存在的。可见，社群主义的自我是目的论的、归属性的、认知性的自我。同时，桑德尔认为罗尔斯的自我概念还存在着内在的矛盾性，即自我的先验性和经验性之间存在着矛盾。针对自由主义所倡导的权利优先性，桑德尔认为人们是无法在缺乏善的共同观念下获得正义共识的，与自由主义相反，他提出正义是内在于善的观点。对于罗尔斯基于原初状态的社会契约论，桑德尔认为这完全是非历史性的，主张应该从历史主义的角度发展以公共善为基础的正义原则。

桑德尔对罗尔斯批判的一个核心就在于主体观念，罗尔斯的道德主体观脱离了历史。个体是无法脱离其所属的集体来理解的，因为个体的属性应该由该个体所属的集体属性来定义，桑德尔提倡一种“构成性的社群”。他对三种共同体解释模式进行了分析，第一种称为工具性的社群，这种社群中个人为了私利的目的而进行合作；第二种是情感性社群，情感的驱使使得人们聚合在一起互惠互利，共同体价值在合作中萌生。桑德尔认为这两种共同体的解释“都不能提供一种能借之重新划分主体界限的方式，两者似乎都不能在不导致一种彻底境遇化的主体之情况下，放宽自我与他人之间的界限”，〔1〕所以他提出了第三种共同体解释模式：结构性的社群。桑德尔认为这种社群本身就是一种善，结构性社群的特征是其内容来自所属的集体，因而具有现实性的基础，“在这种社群中，结社可以进化为共同体，互利合作可以进一步滋长为分享参与，而集体属性则演变成共同归属”。〔2〕

桑德尔从与罗尔斯相反的角度提出了善优先于正义的主张。罗尔斯主张“权利优先于善”并且“自我优先于目的”，他的正义理论的假设基础在于“原初状态”使得正义具有首要性。

〔1〕［美］迈克尔·J．桑德尔著，万俊人等译：《自由主义与正义的局限》，译林出版社2001年版，第181页。

〔2〕江宜桦：《自由主义、民族主义与国家认同》，台北扬智文化事业股份有限公司1998年版，第79页。

但桑德尔认为个人必然要通过某种方式与社会因素联系，这样正义必然会受到条件的限制，并且原初状态也是形而上学的，“从罗尔斯自己提出的直接的经验主义解释来看，原初状态无法支持道义论主张”。[1]所以，正义优先于善是无法证成的。

他认为正义的原则都要从善的观念获得内容，人的正当行为与其道德目的，正义的原则与政治的道德性质是密不可分的。桑德尔强调：“作为一个哲学问题，我们关于正义的反思无法合乎理性地与我们作为善生活的本性和最高的人类目的反思分离开来。作为一个政治问题，我们无法在不诉诸善观念的情况下，开始我们关于正义和权利的慎思，这些善观念表现在许多文化和传统之中，而我们的慎思正是在这些文化和传统中进行的。”[2]从他的论述中，可以看出他对善、目的和正当的排序是与自由主义不同的。桑德尔提倡的是善优先于正义，正义内在于善的正义观念。同时，从正义内在于善的观念出发，桑德尔提出政治生活中实践公共善的主张。由于人类是群体性的动物，社会性是人性的组成部分，因此对于集体的公共善的追求是人社会生活的组成部分。在个人和社群之间，公共善具有优先性，个人的偏好要依据与公共善的符合程度来确定合理性。

基于上述认识，桑德尔反对自由主义所主张的程序共和制与国家中立性原则。“所谓程序共和制，桑德尔的意思是受自由主义观点和自我想象激励的公共政治生活”，[3]这种程序共和不仅会使民主制受到排挤，还会破坏集体认同的基础；而国家中

---

〔1〕［美］迈克尔·J. 桑德尔著，万俊人等译：《自由主义与正义的局限》，译林出版社2001年版，第35页。

〔2〕［美］迈克尔·J. 桑德尔著，万俊人等译：《自由主义与正义的局限》，译林出版社2001年版，第226页。

〔3〕俞可平：“当代西方社群主义及其公益政治学评析”，载《中国社会科学》1998年第3期。

立性损害了公共善和公益，也损害了民主政治的合法性，使得国家陷入价值虚无的境遇。因此，桑德尔主张18世纪的公民共和国，一定程度上复兴了古典时代政治哲学的传统，他推崇具有美德的公共生活和公民积极的政治参与，要求进一步分权，并扩大政治参与的广度，使得社会成员在不断的参与中积累公民美德。桑德尔的思想学说对于化解自由民主体制的困境具有重要的思想贡献。

（三）阿拉斯戴尔·麦金泰尔：德性与正义

麦金泰尔是当代著名伦理学家和政治哲学家。麦金泰尔1929年出生于苏格兰，在英国接受教育后进入学术界，成名之后到美国大学教书。他著作颇丰，包括《伦理学简史》《追寻美德》《谁的正义？何种正义？》《三种对立的道德观点：百科全书、谱系学和传统》等。在著述的众多著作中，麦金泰尔对于当代自由主义及其所导致的诸多社会问题进行了深刻的批判，在此基础上基于对古希腊亚里士多德学说的阐述，构建了独特的社群主义思想。

自由主义将个人视为追求自身利益的理性动物，社会是由这样的个人所组成的集体，国家提供了不同个人和群体进行利益博弈的工具。麦金泰尔对于自由主义的上述看法持批评态度，他认为自由主义所主导的现代社会导致了公民德行的缺失，公民不仅失去了对公共生活的兴趣，而且丧失了对社会的认同感，“现代道德话语和实践只能被理解为来自古老过去的破碎了的残存之物”。[1]在麦金泰尔对于当代社会进行批判的过程中，他依据的是一种古希腊时代的社群主义思想，在那时公民美德的培育是社会共同体的内在组成部分，只有培育良好的公民，社会

〔1〕［美］A. 麦金太尔著，朱继杰译：《追寻美德》，译林出版社2003年版，第139页。

共同体才能够实现和谐和凝聚力，“其前提条件是在这个共同体内对善与德性有了广泛一致的看法，正是这种一致看法使得公民之间的联结成为可能”。[1]他认为要克服自由主义的弊端，需要注重人的群体性，把人看作是群体中的一员，这样每个人都必须在社群中通过其成员资格而发现他的“道德认同”并确定他的“道德身份”，即发现公共善，进而提出了美德的三个要素：“与美德相关的实践活动、叙事的历史传统、组成美德的各种德性。”[2]

麦金泰尔的社群主义思想以现代社会的反思为基础，在他看来现代社会是以市场交易和商品原则为特征的，这使得社会成员形成了自身权利至高无上的观念。现代社会的发展只是促进了社会成员的工具理性，即如何使得自身权益最大化的思维。自由主义国家将维护个人权利作为国家的至高任务，这导致了公民对于共同体道德义务的缺乏和对于公共政治生活参与的冷漠。在麦金泰尔看来，个人权利与功利主义一样是虚幻的存在，现代社会道德主体出现了错乱，由外在的道德权威变成了个人，这就注定了悲剧性的结局，尽管现代自由主义者力图修正功利主义，在理论中加入更多的共同体的内容，但是就其实质而言现代社会仍旧存在着社会成员的道德危机。总之，麦金泰尔对当代社会道德重塑的前景是持消极态度的，在他看来当前的自由主义社会中公民美德早已丧失了，“他们最多不过拥有一种低劣的友谊，这种友谊是在相互有利的基础上建立的”。[3]

麦金泰尔认为现代社会的危机根源于近代以来自由主义兴

---

〔1〕［美］A. 麦金太尔著，龚群等译：《德性之后》，中国社会科学出版社1995年版，第196页。

〔2〕俞可平：《社群主义》，中国社会科学出版社2005年版，第115页。

〔3〕［美］A. 麦金太尔著，龚群等译：《德性之后》，中国社会科学出版社1995年版，第197页。

起所导致的古典传统的衰落。商业社会的兴起瓦解了古典主义的德行伦理，使得工具理性和价值理性，个体与共同体，道德与政治之间日趋对立。由于自由主义的国家不再承担公民的道德培养功能，因而导致个体的道德感衰落，面对现代社会的困境，麦金泰尔提出回归传统的解决方案，他推崇亚里士多德式的中世纪美德，在那种共同体中公共善不仅存在而且至关重要，成员在共同体公共生活的参与中实现了公民美德。他为理想的、德性的社群制定了具体的标准："首先，社群要一种所有人共享的目的，比如追求真善美或实现真正的正义。其次，社群成员之间要有情谊，这种情谊是公共领域中的道德，突出对共同善的共识并且能相互促进自身的美德。第三，社群有一个具有历史性的道德计划，从而起到唤起成员归属感和爱国心的作用。"〔1〕

从总体上看，麦金泰尔社群主义思想的目标是对当代自由主义思想进行批判。他之所以诉诸传统，是因为自由主义的自我概念是个人主义的、原子式的，社会只是满足个体利益和价值的工具。事实上，自由主义使得个人与其所处的外在世界相脱离，这种脱离在麦金泰尔看来使得个人的正当生活和善的生活割裂开来，社群主义则从根本上改变了上述自由主义的困局。麦金泰尔对于西方自由主义和现代性进行了深刻的批判。以自由主义为核心的西方现代性理论由于无法为现代社会提供行之有效的道德规范，而导致了西方社会公共问题的频发。麦金泰尔的社群主义浓厚的古典主义色彩使其理论能否运用到现代社会同样疑问重重。考虑到现代社会中不同文化、不同族群、不同信仰之间存在的巨大差异，如何在多元的背景中构建出和谐、平等的社群关系对于任何一个国家来说都是一种挑战。

---

〔1〕 江宜桦：《自由主义、民族主义与国家认同》，台北扬智文化事业股份有限公司1998年版，第80页。

四、社群主义思想对于民族国家建构的启示

社群主义的兴起是近30年来欧美思想界的重要现象，它对于自由主义的深刻批判使得人们洞见到了共同体这一被长久忽视的存在方式的重要价值，并把国家作为一种最为重要的政治社群加以讨论。社群主义思想家总体上对古典政治的倾慕和对现代政治的批判尽管给人以复古的印象，但是通过这种古今对比的分析，也同样让人反思现代政治生活的弊端。本文认为，在民族国家建构的论题上，社群主义以其自身的理论资源提供了如下几个方面的贡献。

（一）社群主义重视身份认同的重要价值，这对于民族国家建构、培育政治认同感和凝聚力具有积极作用

自由主义权利优先于善的理念，表现在现实政治中就是通过平等的公民身份来维系国家的统一，强调法律上的人人平等，并把国家作为保障个人平等权利的有效工具，这样建构出了一种政治法律基础上的合法性来源。但随着文化多元的普遍，以及族群意识的不断觉醒，政治上的公民身份不仅成了一种弱势认同，同时也成了一种弱理论。一方面，族群身份对于个人自主性选择、认同与归属起着不可忽视的作用，公民身份剥离了个人的族群身份背景，仅靠法律政治上平等的纽带来追求个人平等而把拥有多重认同身份的公民维系到一起显然效果不佳。另一方面，公民身份理论无法解释公民权利应该在多大范围内给予多少人的问题，即为何“正是统一政治共同体的成员身份，而不是‘人类共同体’的成员身份决定了人们更为基本的、相互之间的权利和义务”。[1]

---

〔1〕［英］亚当·斯威夫特著，萧韶译：《政治哲学导论》，江苏人民出版社2006年版，第185页。

这个问题是自由主义无法解答的，而社群主义认为公民权利范围的界定，对不同国家的归属感更多地是由历史、道德、文化的因素造成的，这就是我们所说的民族认同这种大的、较高层级的群体认同。社群主义认为认同并不是从所谓抽象的理性中产生的，而是在社会成员所处的社群中经过历史和文化的塑造所形成的。在民族国家的发展中，民族认同是巨大的观念力量，是国家发展和稳定所需要的思想凝聚力。米勒就认为民族认同是一种重要的价值，具有强大的聚合和号召功能，能为不同的政治纲领服务，“即使那些在日常情形中对民族性表现冷淡的人也很可能发现，在整个民族的命运被集体决定的特殊时刻，他们的认同感是这样的，即他们认为其福祉与整个共同体的福祉紧密相连”。〔1〕基于社群主义的上述启示，民族国家应该更加积极地弘扬自身文化，反对历史虚无主义，构建符合自身国情的核心价值观和价值体系。

（二）社群主义突出个人公共生活的积极价值，这有助于推进民族国家民主政治建设

社群主义思想家将参与公共生活视为社会成员的重要存在方式，主张通过参与公共生活以形成公共精神。社群主义认为“没有积极的政治参与，这种成员资格或公民资格就不能真正实现，从而个人也就无法享受到充分的权利”。〔2〕现代民族国家在政治建设方面建立了民主政治，但是如何提升民众的参与热情和质量却是困扰政治建设的难题，尤其自由主义提倡一种弱的公民权利，使得政治参与对于大部分人来说是可有可无的东西，并让公民仅满足在私人领域中自主自由的状态，人与人之间的

---

〔1〕［英］戴维·米勒著，刘曙辉译：《论民族性》，译林出版社2010年版，第14页。

〔2〕俞可平：《社群主义》，中国社会科学出版社2005年版，第115页。

联系变得冷漠，隔阂不断产生，社会不稳定因素不断增加，专制和独裁往往都是发生在没有公共政治生活与政治争论的地方。社群主义强调公民政治生活的价值，主张培育能够对于民族国家的民主政治发展起到推进作用的积极公民。

公民对国家公共事务的关心，积极参加国家政治生活既是公民身份法理型的内在要求，也是社群主义认为的公民美德和应有义务的有效体现。就像麦金泰尔认为的古希腊时期的政治制度是让人向往的，在积极的政治实践中才能产生出公民美德，优良的德性离不开个人的文化背景，从民族建构角度来说个人认同、归属情感、忠诚效忠离不开对族群的归属，民族认同则是族群认同基础的发展与升华，而国家认同也需要这些“美德”。此外，民族建构的过程既是自上而下以国家为主导的，也需要自下而上的族群成员之间的互动、沟通、交流与融合，如果每个人都仅满足于自我的私人领域之中，对他人、对族群、对国家漠不关心也不好奇，那么族际民主化、族际整合的过程将会漫长而煎熬，民族一体化的愿景只能成为一种空中楼阁。

（三）社群主义所倡导的积极国家观念，有利于民族国家更好地化解发展过程中面临的难题

社群主义反对国家在社会生活中消极中立的自我定位，主张国家应该发挥更加广泛和积极的作用。积极的国家观念要求国家承担起更多的责任，并不是按照诺奇克认为最小的国家或亚当·斯密“守夜人”式的国家才是最佳方式，在实际的情况中，在政治、经济、社会领域都存在着很多明显或者不明显的不平等情况，自由主义的国家中立性主张只是注重形式或者提供了一种政治框架，注重的是过程的平等而不是结果的平等，这一政策所产生的后果则不是罗尔斯等人考虑的问题了，后来拉兹看到了问题，所以提出国家不应该在多元善中保持中立性，

提出了一种至善的理论。所以，为了改变各种政治制度性歧视、经济上的不平等、对社会阶层流动性的限制情况的存在，需要一种在法律框架内积极作为的国家。按照沃尔泽的看法，在某种程度上国家还是应该担负起民族国家内少数族群保存其族群文化的责任，要在普遍平等的个人权利基础上给予少数族群适当的优惠权利。

事实上，对于民族国家建构而言，民族国家作为主导者理应发挥积极的作用，而不是采取中立的价值取向，对族群多方面的诉求不闻不问，采取袖手旁观的做法不利于族际政治的稳定，无形中强化了主导族群的优势地位使得强者越强弱者越弱，最终使得族群对国家的认同程度不断降低，进而引发各种以自决为目标的分离运动。尤其是对处在发展起步阶段的民族国家而言，消极中立的国家观念不仅无力促进发展，还会使得现有的问题不断恶化，危及民族国家的发展前景。公民在多元的社会背景下，拥有多重身份认同已经成了普遍现象，不应该视族群认同为洪水猛兽而不断淡化个人的族属意识，国家应该把族群认同视为是促进民族团结的有效手段，通过包容、沟通、民主的方式形塑族群认同，重塑族群认同这一群体认同有利于民族建构。

总之，社群主义作为自由主义思潮的批判者和替代者，提供了诸多有益观念和启示。在推进民族国家建构的过程中，社群主义的思想资源无疑具有重大的理论价值和实践启示。近 30 年来，世界范围内新自由主义思潮大行其道，对于发展中国家产生了诸多负面影响。走出新自由主义的陷阱，寻求符合自身国情的发展道路是民族国家建构的当务之急。就此而言，社群主义能够为民族国家建设提供更加有效的思想资源和现实指导。

第六章

多元文化主义理论中的民族国家建构思想

哈贝马斯认为“民族国家概念包含着普遍主义和特殊主义之间的紧张，即平等主义的法律共同体与历史命运共同体之间的紧张”,[1]阐明了民族国家建构中平等和多元、国家与族群之间的内在张力问题。在民族国家建构过程中，如何让少数族群觉得获得尊重，觉得制度公平，关系到国家认同的凝聚与民族一体化的进程，这些问题始终是政治家们思考的核心。20 世纪 70 年代政治哲学研究的主题是新自由主义的正义理论，80 年代政治哲学研究的主题转向了社群主义的共同体，90 年代政治哲学研究的主题则变为了多元文化主义的少数群体权利问题。

实际上，西方学者分别从自由主义、社群主义、多元文化主义及后现代批判理论的视角论证了民族建构中族群文化的重要性，指出民主社会应该要正视少数族群的差异性，在民族建构中要给予他们公正的承认，保障其参与到社会生活中的平等地位，并维护其群体认同及基于认同之上的多样化生活的尊严。多元文化主义继承了社群主义的部分思想并缩小了范围，关注的共同体对象更为具体，其理论主张也更明确，不再像社群主义一样通过批判新自由主义的相关理论证成自己的主张，多元

---

〔1〕［德］尤尔根·哈贝马斯著，曹卫东译：《包容他者》，上海人民出版社 2002 年版，第 135 页。

文化主义在自由主义和社群主义中间找到了一条更可行的中间道路，为民族国家建构中族群平等、女权主义等问题的解决提出了建议。本章内容就是通过分析西方多元文化主义理论对实现族际民主化的主要见解，从西方多元文化主义理论中总结出对民族国家建构的可取之处。

一、多元文化主义的界定及其分类

（一）多元文化主义的含义

多元文化主义从字面上进行解释就是指多种文化并存于特定时空的现象。本研究所定义的文化一词是指人类生活的方式，包括工具、制造品等物质层面和价值、象征、意义等非物质层面。从动态的视角来考量文化，当前文化多元的现象跟全球化一样热门，一样有着久远的历史。希腊文“pletho”是文化一词可追溯的来源，指的是对于一元的众多状态。古典政治哲学的一个重要议题就是探究在个人拥有不同天性，以及族群间存在习俗、语言上的差异时，如何把这些不同的状态统合起来打造一个共同体，这就是文化多元最初的源头，即古希腊时期哲学家们探讨的“多与一”“分殊与普遍”的关系。

当代的多元文化主义探讨的是在一个多族群的国家内部，如何建立一种平等的族群间关系的问题，通过承认族群在文化上的特殊性，以一种平等的途径来完成民族建构。塔利认为“为文化多元性争取承认的政治社会运动，可被视为是在第一波殖民地独立与建国运动中被排斥乃至压抑的群体所从事的第二波反帝运动。他进一步认为多元文化与承认的政治已经使我们必须重新审视现代普遍主义基础上的宪政民主制度的合理性”。[1]

---

〔1〕 James Tully, *Strange Multiplicity*: *Constitutionalism in the Age of Diversity*, Cambridge University Press, 1995, pp. 4~17.

多元文化已经成了西方社会的一个中心议题，因为如美国、加拿大、澳大利亚等西方民族国家在民族建构进程中强制同化政策失败之后，引发了种种以追求承认、公正为口号的族群运动，这些国家不得不对政治、文化等制度进行调整，以缓解难以应对的文化冲突与矛盾。

多元文化主义的要义在于承认各种文化的平等价值，对于多元的族群文化不仅要认可其价值，更要扶持它的续存。总之，多元文化主义是自由主义、社群主义之后西方流行的政治理论，这一政治理论批判地继承了自由主义的传统，从民族国家建构的角度来说，其核心在于追求少数族群能得到多数人平等的对待，希望通过一种差异的公民身份来建构出一种更为平等、公正的族际整合方式，从而促进现代民主国家的民族一体化过程。

（二）多元文化主义的分类

多元文化主义内涵过于丰富，其概念不断变迁并且被不断定义。因此，有学者对多元文化主义进行了分类，麦克拉伦将多元文化主义分为保守的、左派自由主义的、批判的多元文化主义三类。根据金克罗和斯丁博格的观点，多元文化主义理论可以分为五类：①保守多元文化论。这一论点代表了主流群体的观点，观点具有保守性，要求在多样化的文化基础上打造出“共识文化”，也就是主流文化。②传统自由主义式的多元文化论。这一理论的出发点是自由主义所倡导的平等的个人权利，认为公民身份给予了具有族群背景的个人在法律上、形式上的平等，而族群对其文化的追求是其私人领域的问题，国家出于公立性原则是不便进行干涉的。③多元论观点的多元文化论。这一论点重视群体间的差异，强调多样化的价值，但对于造成现实差异的社会权力结构分析得不透彻，容易把少数族群的文化问题看成是文化领域的问题，或者是把文化问题商品化。④左派激进主义。这一论点过于关注族群之间的不平等性，以及这种不平等问题的不可调和性，并没有看到族群之间、族群与国家间相互联系的因素，主张采取激进的方式来解决族群压迫这一最主要的问题，极易造成社会分裂与民族国家的解体。⑤批判的观点。从社会分层与结构性不平等出发，以后现代的理论来质疑当前社会中的价值标准、机会平等的公正问题，认为正是主流群体的标准和价值观导致了群体间的不公正现象的产生，强调不同社群有权保有他们的差异和文化。[1]

1. 保守多元文化主义（conservative multiculturalism）

又被称为单一文化主义，代表了最右端、最保守的主张。站在主流族群的角度，否认各类形式的种族主义、性别主义或者阶级歧视，把少数群体的问题归因于他们自己，并认为解决的方法是要主动融入到主流文化中去。认为并没有对少数群体的歧视问题，而少数群体的贫穷、性别、文化等问题不是其讨论的范围，少数群体才是问题的制造者，要求建构出“共识文化”，也就是依托主流文化达成共识的文化价值观，从而会加剧现有的社会不平现象。

2. 传统自由主义的多元文化主义（liberal multiculturalism）

从自由主义的传统公共领域和私人领域的观点出发，认为不同种族、性别、阶级者应该在法律、形式上获得平等的权利，在平等的公民身份制度下，每个个体在公共领域都享有平等的权利，而族群文化问题是属于私人领域的，自由主义的中立性原则使得族群文化平等问题被忽略了，避免了谈及歧视与不平等的权利结构问题，族群同化仍然是最高的目标。社会生活中

[1] J. L. Kincheloe and S. R. Steinberg, “Introduction: What is Multiculturalism ”, in *Changing Multiculturalism Buckingham*, Pheladelphia: Open University Press, 1997, pp. 3~16.

的不平等现象，在他们看来一开始是机会平等的，正是由于少数群体的不努力才最终导致了社会资源、教育机会上的不平等。

3. 多元论观点的多元文化主义（pluralist multiculturalism）

是多种多元文化主义中较常被使用的一种，其特点是过于重视差异，强调多样化，继承了文化相对论的观点，鼓励各种不同的文化都有其价值。但只看到了群体间表面的差异，没有看到造成这种差异情况的脉络，所以没有看到差异的社会权力结构，以及相互联系和团结的一面，很少对多数人的优势权力结构进行质疑，具有把少数族群问题去政治化的特色，也没有看到形成共识的必要性以及共同文化的价值，此外，这一论点容易把文化作为一种商品进行选择，把少数族群的文化看作一种商品化、消费性的产品。

4. 左派激进主义（left-essentialist multiculturalism）

这一论点强调一种道德优越感，容易形成以自我为中心的群体，并认为自己的文化是具有先进性的，过于关注族群之间的不平等性，以及这种不平等问题的不可调和性，并没有看到族群之间、族群与国家间相互联系的因素，主张采取激进的方式来解决族群压迫这一最主要的问题，极易造成族群之间的对立和冲突，进而引发社会分裂与民族国家的解体。

5. 批判观点的多元文化主义（critical multiculturalism）

批判观点的多元文化理论对自由主义公共领域中公民身份的公正问题提出了质疑，认为把族群文化差异作为私人领域的观点进而忽视的做法造成了在公共领域中排除或贬低了少数群体的特质。对社会中的共同标准进行批判，认为共同领域中的这些标准是主流群体所预设的，重新对权力和意识形态中的偏见进行了审视，让少数群体能认清自己的处境，从而主动地为争取平等的对待进行斗争。但容易对公共领域中非主流族群的特质进行全盘否认，造成少数群体的自我边缘化。

二、西方多元文化主义理论的主要代表人物

西方理论界从 1960 年以后开启了关于“社会正义”的讨论，这是伴随着第二次世界大战后一系列民权运动展开的，研究的主题由个人自由的保障问题到国家的社会保障职能问题，直到 1990 年之后民族主义运动在全球范围内此消彼长，关于民族国家内部族群平等与多样化问题开始成了政治哲学讨论的主流，“认同政治”与“多元文化主义”成了热门词汇。这些理论的预设都是从批判自由主义的个人主义开始的，从多元和差异的角度对自由主义进行了新的审视。如查尔斯·泰勒提出了承认的政治（politics of recognition），艾丽斯·M. 杨提出了所谓的差异政治（politics of difference），无论他们的立场如何，关注的重点都是自由主义采取了中立性的原则，对少数群体的差异视而不见，缺乏对少数族群文化的承认，而社群主义则认为族群的文化价值是不可忽视的，不仅是个人认同的来源，也是社会美德形成的关键因素。

多元文化主义的内涵是极其丰富的，既是一种政治哲学理论，也是具体的民族建构措施，并且在多元文化主义的旗帜下似乎是无所不包的，汇集了很多边缘弱势群体的诉求，涉及妇女、移民、残疾人、同性恋，等等。并且，不同国家的多元文化主义的主旨也有所区别，如在加拿大它指移民、土著人等其他族群为避免受到偏见、歧视而要求得到承认的权利，及国家对其诉求的回应；在欧洲则指的是民族共同体之间的权利共享；在美国则是指各种社会边缘群体的诉求。[1]其代表性人物包括

〔1〕［加］威尔·金里卡著，马莉、张昌耀译：《多元文化的公民身份——一种自由主义的少数群体权利理论》，中央民族大学出版社 2009 年版，第 25 页。

艾丽丝·M. 杨、詹姆斯·塔利、威尔·金里卡等人。

（一）艾丽丝·M. 杨：差异政治的提出

杨是美国芝加哥大学社会系教授，是多元文化论和差异政治的倡导者，作为一名女性，她更多关注的是女性群体的平等问题，她也是女权主义的代表人物之一。杨的多元文化主义关怀的是社会中普遍的弱势群体，尤其突出妇女的平等地位。杨认为在国家和个人之间还有一个关键的单位，就是不同的社群。这些社群是多样的，包括种族的、性别的、宗教的，从人类历史上就可以看出这些社会文化对个人的发展，尤其是对个人生命的价值和自我归属认同有着重要影响。而如果像自由主义理论所推崇的那样，在政治领域对这些差异进行善意的忽视，或者是对这些差异进行歧视，就会导致这些群体遭受压制、边缘化，进而会引发这些群体的反抗。她激进的多元文化论所主张的是：自由主义普遍平等的公民身份事实上是一种对弱势群体进行压迫的合理借口，国家中的主导群体把自己的意识形态制度化，并心安理得地认为这个标准是中性的、普遍的，而弱势群体的差异性则被认为是一种本质的不同，代表着贬义、劣等、异常，由于这些群体并没有正常者应该有的共同特征，所以这种差异会对社会的稳定造成危害，那么一系列排斥、隔离和压制就具有了合理的基础。

杨认为在当代族群一般会受到五种不同的压迫，包括剥削、文化帝国主义、边缘化、无权力与暴力，[1]这五种结构的压迫是由三种原因造成的，一是非好即坏的对分法（dichotomy）。启蒙运动个人理性的两分法到了种族分类时就成了白种人优黑种人劣。二是分配范式存在问题（distribution paradigm）。她认为

〔1〕 Iris. M. Young, *Justice and the Politics of Difference*, Princeton: Princeton University Press, 1990, pp. 48~63.

当前西方社会普遍存在制度上的不正义，而且各种歧视与压迫并不会按罗尔斯津津乐道的分配正义那样达到社会的公平，所以分配正义是有问题的。通过论证她认为将正义原则简单化，忽视了社会结构和制度背景，这就意味着忽视了文化背景，一种普遍公正的理想是不可能的结果，这就只能是一种幻想。“寻求这种道德理性只能是哲学上的乌托邦，因为没有人可以完全脱离任何特定的语境和承诺，而接受一种完全客观的和冷静的主张。”[1]三是同化政策（assimilation）。这种同化政策是以整合为目的的，对差异进行排除让族群成员进入到主流社会中，这代表着压制与排挤的不公正。

杨认为自由主义的公民身份是同化论的理想（the ideal of assimlation），不仅没有成功反而激发了族属意识。为了改变这一状况，她提出了差异政治（politics of difference），目的是为这些弱势群体追寻平等的承认，普遍的平等只能是存在于文本或法律中，而事实上或者结果上却是不平等的，差异的政治就是为了改变这种社会不公。杨提出的具体构想为群体代表权，她从四个方面高度肯定了群体代表权的作用，[2]希望把群体代表制度化并获得公共资源的支持。并且，她提出了一种突出协商的“包容型”民主制来配合群体代表权，“各种社会群体应当由于他们的特殊性而被承认和包容在沟通型的民主过程中”。[3]杨的思想是多元文化主义理论中的重要组成部分，她从哲学的角度来论证其主张的正当性，总的来说意识到了现实社会中的

---

〔1〕 Iris. M. Young, *Justice and the Politics of Difference*, Princeton: Princeton University Press, 1990, p. 103.

〔2〕 Iris. M. Young, *Justice and the Politics of Difference*, Princeton: Princeton University Press, 1990, pp. 184~186.

〔3〕［美］艾丽斯·M. 杨著，彭斌、刘明译：《包容与民主》，江苏人民出版社 2013 年版，第 186 页。

"结果不平等现象"，强调了族群身份对个人的重要价值和意义，希望把族群差异纳入到公共领域，把差异政治作为公民身份的一种完善。

（二）詹姆斯·塔利：对宪法体制的重构

詹姆斯·塔利是加拿大维多利亚大学政治学系教授，毕业于剑桥大学，是政治思想史领域"剑桥学派"的成员，其研究方向主要是近代政治思想史。把他视为一名多元文化主义理论家，主要是由于他对北美原住民的关注，他分析了族群文化诉求与国家建构的困境，对过去数百年以来以欧洲为主导的宪政理论传统与美洲原住民遭受的压迫史进行了批判性的反思，认为当今西方的宪政主流思想已经无法满足少数族群多元的文化诉求，文化之间的矛盾与冲突成了不可避免的结果，他提出了一套"后帝国主义"的宪政哲学，通过宪法机制下的沟通和协商来协调族群彼此之间的矛盾与冲突。

他从当前的文化承认政治展开了讨论，认为当前存在民族主义与联邦主义、女权主义、超越国界的社群、少数族群、多元文化主义、文化交会主义六种文化承认政治运动。这些文化承认运动有三个共同点。首先，都要求某种形式上的自治。他认为这些"自治"是具有正当性的。其次，当前的基本法律和制度却阻碍了有助于承认文化歧异性的自治形式，所以是不正义的。最后，这些政治运动都将文化视为政治领域中一项不可化约的基本面向。所以，塔利认为"若公民们的文化特性得到承认，并且被纳入讨论宪政结合体之形式的协议内容当中，那么就这个政治领域的面向而论，这样的宪政秩序，以及依此宪政秩序所建构的现实政治世界便是正义的……其次，与一部宪法必须处理的众多正义议题相比，文化承认方面的正义问题具有一定程度的优先性”。[1]

塔利提倡古宪法传统，即普通法宪政主义，普通法传统尊重文化差异，希望在相互承认、延续与同意的基础上建构出他的后帝国主义宪政哲学。塔利认为文化的特性在于交相重叠、互动与妥协的过程，这是反思当代宪政主义的立足点，在此基础上他批判了居于自由主义、民族主义与社群主义传统价值观上的现代宪政主义。他追溯了现代宪政主义形成的历史，认为古宪法中有三项弥足珍贵的规定：相互承认、延续与同意。相互承认是指国家与族群协议相互承认的形式，双方都承认彼此的某种独立自主地位；延续是指已经取得各方相互承认的文化认同在双方协议达成的各种宪政协商与宪政制度中一致都有效，除非双方一致同意更改之前的承诺；同意是指任何一部宪法或对它的修正都需要得到人民或其代表的同意。

总之，塔利所主张的宪政主义不预设文化立场而能包容多元的文化，并且在法律、政治与文化领域里有多元性格，最重要的是他把宪法看成是一连串跨越文化界限的持续协商与协议所达成的统一。换言之，塔利认为宪法应该被视为一种协调文化歧异性的有效方式，可以跨越不同的文化隔阂，让有着不同文化背景的公民在协商沟通的过程中，相互承认、同意并达成文化延续的共识，通过这个平台让他们能够持续性合作对宪政体制进行审议。

（三）威尔·金里卡：少数群体的特别权利

威尔·金里卡是加拿大女王大学教授，1987 年获牛津大学哲学博士学位，师从世界著名政治哲学家，分析马克思主义的主要创立者和代表人物 G. A. Cohen。金里卡是一位多产的政治

[1] ［加］詹姆斯·塔利著，黄俊龙译：《陌生的多样性：歧异时代的宪政主义》，上海世纪出版集团 2005 年版，第 4~5 页。

哲学家，出版了多本专著并发表了多篇论文，他的政治哲学思想主要是对群体权利进行合法性论证，他提出自由主义的公正要把族群的文化公正问题纳入其中，少数群体权利与个人权利是同等重要的，并提出了一种差异的公民身份，希望借此能对当前普遍平等的公民身份进行补充，实现族群之间的结果平等。金里卡多年来在其系列政治哲学著作中不断完善其多元文化主义理论，对加拿大多元文化社会、欧盟与全球范围的现实问题都进行了思考，理论与现实的双重结合使得其主张已经成了一套系统、完整的政治理论，并且他对民族国家建构也提出了具体的政策。可以说当代西方多元文化主义最有代表性、理论最为系统化、对现实问题关怀最多的就是金里卡，他也被认为是当代西方最有影响力的政治哲学家之一。本部分多元文化主义理论的民族国家建构分析，就是以金里卡的理论为主要依据来进行的。

三、多元文化主义政治理论对民族国家建构的思考

金里卡从族群地位、文化遗产、政治权力、经济权利等角度，重新审视了西方自由主义理论与少数群体的现实社会生活状况，他所提倡的多元文化主义政治理论试图将现代社会转化为一类实质、互惠、平等的社群互动关系，寻求一种以文化差异为基础，批判与修正当前主流的少数族群文化基本理念与共同原则，进而建构出一种更具有活力，具有开放与民主特点的共同文化，促进民族国家建构，推动民族一体化进程。多元文化主义理论改变了以往自由主义以中立性原则对待少数族群文化的传统，做到了在公正地承认少数族群文化差异性的同时，也在寻求一种合理的方式来完成民族建构的目标，这就是要先做到“同中存异”才能进而“异中求同”，在民族建构的大前

提下追求少数群体要求与国家政策之间的平衡。

（一）金里卡多元文化主义的逻辑起点

多元文化主义（multiculturalism）这个术语自20世纪70年代出现以来，一直是西方政治学界讨论的热门。多元文化主义关注的对象、内涵在不同的学者那里可以得到不同的解释，如杨所主张的文化多元问题，关注的更多的是妇女、穷人、残疾人等非族类社会群体的平等问题，这一运动被阿兰·图海纳等学者认为是新社会运动。而金里卡则认为多元文化主义要以定义文化为出发点，他不想把多元文化主义当作一个包罗万象的术语来使用，这样才能有针对性地分析民族建构问题，避免对多元文化的理解出现偏差，并且引起不必要的争议和批评。

文化是人类社会生活的创造物，是人类精神成果的结晶，自人类出现后就能通过不同的方式传承下去。社会学和人类学认为文化就是“人类群体和社会的共享成果，这些共有产物不仅包括价值观、语言、知识，而且包括物质对象”。〔1〕金里卡认为这是一种广义的文化定义，如果居于此来界定多元文化这个概念的内涵，就会把更广泛的“非族类的社会群体”包括在内，尽管在其他语境里可能是一种适当的使用，但在他看来笼统化容易引起误解。由此，金里卡给出了他自己关于文化的定义，他把文化视为是“占有一定领土或土地、共享一种独特语言和历史的跨世代的共同体”，〔2〕他把文化当作民族的同义词来使用，因为文化与民族是紧密相连的。文化所具有的工具性和价值性的双重属性，为少数族群要求特别权利和资源的要求提供

---

〔1〕［美］戴维·波普诺著，李强等译：《社会学》，中国人民大学出版社2007年版，第72页。

〔2〕［加］威尔·金里卡著，马莉、张昌耀译：《多元文化的公民身份——一种自由主义的少数群体权利理论》，中央民族大学出版社2009年版，第26页。

了合理的依据。

多元文化主义可以定义为多民族国家民族建构中，协调族群与国家关系、文化多元与政治一体关系的一种政治理论以及一种具体的政策，主要涉及两个方面：其一是一套关于多民族国家内族群文化差异性、平等性以及族群间关系的政治理论，其二是一项处理多民族国家内族群文化多样性以及族群矛盾、追求各种文化和族群和谐共处的具体政策。所以，金里卡认为多元文化主义关注的核心是民族建构问题，其关注的文化多样性与平等问题是从两种主要范式展开的。第一种范式关注的核心是原住民的文化多样性诉求问题，这些原住民的文化随着多民族国家的建立被并入了更大的社会，他们希望追求与多数群体平等的地位来保存他们的特色文化，提出了不同的自治和自我管理方面的诉求。这一情况在当今世界范围内各民族国家的民族建构过程中都是普遍存在的。第二种范式关注的是移民的文化多样性问题，这些少数群体希望尽快融入新的社会之中，并得到主流群体的承认，使其文化上的差别得到更好的接受。

总之，他认为现代民族国家都是文化多样性的国家，现实中单一的民族国家是不存在的，民族国家都是由多个拥有不同文化的族群所构成的，在民族建构的过程中要妥善处理好族群平等问题。民族身份（national membership）应该向包括原住民、移民在内的所有少数族群开放，只要他们愿意主动融入国家的政治、经济与文化生活中。

（二）三种特殊群体权利的提出

在自由主义的传统理论中，个人自由是第一位的，其所倡导的各种理念都是围绕自由而提出的，但是为了保证每个人都有平等的自由以及其他政治权利，必须打造一个相对稳定、有着统一性的公民社会，这个社会必然有着共同的政治、经济、文化、历史等要素。从民族国家的建构角度来看，文化上的同质性是最重要的因素之一，打造出一种社会主流文化，并使其得到所有族群的认同，不仅有利于各个族群的和谐相处，进而可以促进族际整合，而且民族国家的政治稳定也需要建立在统一的社会主流文化之上。

为了改变传统的自由主义在民族建构过程中的“善意”忽视，避免因族群多样性的正当要求所造成的矛盾与冲突，在尊重公民的个人权利与自由的自由主义传统之上，进一步公正地对待少数族群的各种权利要求，金里卡提出了一套少数群体权利理论，使得在民族建构的过程中，“能以稳定的和道义上能立得住的方式，包容这些民族和族类差别”〔1〕，让多民族国家社会中族群的许多合法形式的多样性合理地存在下去。他把少数群体的差异权利概括为三种类型，即自治权利（self-government rights）、多族类权利（polyethnic rights）和特别代表权利（special representation rights）。“差异的权利”体现着现代民主制度的内在要求，就像杨认为的“各种公平、开放与包容的民主过程应当注意到诸如此类的处于不利地位的集团和群体，同时将各种针对排斥而采取的补偿性措施制度化”〔2〕，要在民族建构过程中改变之前强制同化、忽略族群平等要求的各种主张，促进主流社会正视族群之间的差异，在更为平等的基础上实现民族一体化。

1. 自治的权利（self-government rights）

自治的权利就是一个多民族国家的少数族群，以某种具体的措施来实现政治上的自治或实现对故有土地的管辖权，这种

〔1〕［加］威尔·金里卡著，马莉、张昌耀译：《多元文化的公民身份——一种自由主义的少数群体权利理论》，中央民族大学出版社2009年版，第38页。

〔2〕［美］艾丽斯·M. 杨著，彭斌、刘明译：《包容与民主》，江苏人民出版社2013年版，第62页。

权利能保证他们为自己的发展获得最大的利益，在此基础上实现其文化的保存与发展，平等地包容民族的多样性，并通过政治参与在政治生活中获得相对的平等。金里卡认为这种广泛而充分的自治可以通过某种形式的机制来实现，比如联邦主义就是一种有效的手段，这种高度的自治可以避免出现族际之间的冲突，乃至出现民族分离主义导致多民族国家的分裂，"联邦制以灵活而著称，它可以适应不同民族团体的不同程度及不同形式的自治的要求"，[1]并且，他认为自治与自决是不同的，自决不适用于一国之内的少数族群，要把这种自治的权利视为一种长期性的政策从而保持下去，实现用平等的、非压迫式的方式进行民族建构。

2. 多族类权利（polyethnic rights）

多族类权利涉及一系列关于促进族群语言和制度融入的制度，通过少数群体范围广泛的语言政策、国家象征、双语教学教育体制等多族类权利可以使少数族群获得平等的机会与平等的成员资格来融入主流生活中，从而在多数人制定的机制下获得教育、政治、经济方面的平等机会，并能在融入的同时实现自我选择的自由及捍卫其文化方面的权利。多族类权利的目的在于根除传统的对少数族群传统文化、生活习惯、宗教信仰等方面的歧视和偏见，让少数族群能够拥有自由地表达他们独特性的权利，在民族建构中通过积极的措施让少数族群能为其传统文化的特点感到自豪，从而让他们充满自信地参与到主流社会的政治、经济生活中，最终目的是将这些族群整合进主流社会而建构出"国族"，进一步推进民族建构工作。

---

〔1〕［加］威尔·金里卡著，邓红风译：《少数的权利：民族主义、多元文化主义和公民》，上海译文出版社 2005 年版，第 90 页。

3. 特别代表权利（special representation rights）

特别代表权利指的是在国家权力机构中为少数群体安排代表席位，为了保证少数族群的权利不受侵犯，在国家的立法机构中应该为这些弱势群体安排一定数量的席位。金里卡认为当前大多数所谓的西方民主国家，在其政治过程中对少数族群等弱势群体的代表不足是一个普遍现象，这种“缺乏的代表性”没有反映出社会的族群差异性，整个政治生活过程反映的只是以白人为核心的中产阶级的利益诉求，随着时间的流逝难免会固化从而限制社会的流动性，进而形成一种制度性的歧视，这些障碍会让少数群体的利益得不到有效的表达。“如果一个人所属的团体在决策过程中不如其他族群，那么个人在形式上所取得的政治平等，并不会带来真正的平等。”〔1〕所以，为了避免出现少数族群的自治权利受到外部侵害的情况，他认为“在任何能解释或修订其自治权限的机构（如最高法院）中，都要保证有自己的代表权”。〔2〕

金里卡提出群体权利要区分“内部限制”和“外部保护”两种不同的模式，这样才能避免因概念的模糊而遭受到不公的指责。“外部保护”的群体权利是公正的，目的是保护少数族群免于受到各种不公正对待及主流群体制定的政治、经济政策造成的负面影响，这种权利可以提高少数族群的免受侵害的能力，从而使得他们能平等地适应和融入国家生活中；而“内部限制”的群体权利则是备受指责的，目的在于防止族群集体内部出现不同的声音，出现破坏族群团结的情况，通常会对族群内部个

〔1〕 David K. Ryden, *Representation in Crisis: The Constitution, Interest Groups, and Political Parties*, Albany: State University of New York Press, 1996, p. 83.

〔2〕［加］威尔·金里卡著，马莉、张昌耀译：《多元文化的公民身份——一种自由主义的少数群体权利理论》，中央民族大学出版社2009年版，第47页。

人的各类权利进行限制。这是自由主义者指责群体权利的主要原因，“群体可以保护其文化和传统的纯洁性和真实性的名义合法地限制其成员基本公民权或政治权利”。[1]当然，西方大部分少数族群的群体权利问题都是属于外部保护范畴之内的，即使存在“内部限制”的情况，也是由于上一级社会没有尊重他们的群体权利导致的。

四、威尔·金里卡多元文化主义的理论价值及其限度

金里卡试图找出一条与传统的自由主义理论不同的路径来论证少数群体权利的正当性。他从分析传统的自由主义基本原则入手，通过对比第二次世界大战前后自由主义理论关于少数群体权利观点的变化，来找出这些基本原则与少数群体权利的内在联系。在深入分析国际环境、西方国家的民族建构模式、移民及少数族群的利益诉求等方面的变化之后，金里卡认为当代自由主义主流观点对少数群体权利的否定不仅在理论上与自由原则是冲突的，并且会给民族国家带来造成分裂的不稳定因素，这种观点是不正确的。他提出当代自由主义国家不应该用“复归统一主义、种族隔离、自愿移民”等理由来搪塞少数群体的诉求，进而他提出了两个用于捍卫少数群体权利的主张，即“个人自由是与个人的民族群体身份联系在一起的，群体特别权利能够促进少数群体和多数群体之间的平等”[2]，这也是他的多元文化主义理论的基础。

（一）个人自由与群体权利

自由是西方自由主义理论中最为重要的政治价值。自由从

---

〔1〕［加］威尔·金里卡著，邓红风译：《少数的权利：民族主义、多元文化主义和公民》，上海译文出版社2005年版，第9页。

〔2〕［加］威尔·金里卡著，马莉、张昌耀译：《多元文化的公民身份——一种自由主义的少数群体权利理论》，中央民族大学出版社2009年版，第101页。

最宽泛的意义上指的是“一个人根据自己的意愿进行思考或行动的能力”。[1] 关于个人自由的界限问题一直是自由主义学者们争论的焦点问题，从天赋人权说、契约论到“消极自由”思想，无不是都在追求一种至上的个人自由，避免出现各种限制导致不自由。伯林所崇尚的“消极自由”，即个人不受外部力量干涉的自由，他认为“积极自由”容易导致集权主义，而消极自由可以避免出现个人遭到任意干涉与强制的情况出现，这样个人按自我意愿行动的“自由”才是自由的。当代自由主义理论在此基础上形成了实际自由与形式自由、公共领域与个人领域等不同主张。

自由主义学者普遍认为自由的本质是不受他人的干预，公共领域内每一个公民都是平等的，依靠平等的公民身份个人可以自由地参与政治、经济、文化生活而不受干涉。同时，少数群体的文化选择、宗教信仰等问题是属于个人领域层面的，他们可以根据理性作出合理的选择，国家不应该予以干涉，政权要保持“中立”，既尊重少数族群的文化，又不干涉他们的文化传承、生活方式，“一个国家让它的国民自由地选择生活方式，同时让他们从自己的理性认定的对他们同样合理的选择项中加以选择”。[2]在传统的自由主义视角下，宪法制度保障了每个人在社会生活中都是自由的，每个人都可以自由选择生活的方式，并通过各种形式的参与性活动来保卫自由，比如公民民族主义就认为“宪法”及公民身份是个人自由的基础，而集体主义、多元文化主义对群体权利的追求则是不必要、不正当的，把群

〔1〕［英］安德鲁·海伍德著，吴勇译：《政治学核心概念》，天津人民出版社2008年版，第160页。

〔2〕［英］亚当·斯威夫特著，萧韶译：《政治哲学导论》，江苏人民出版社2006年版，第94页。

体凌驾于个人之上，群体权利非但不能保障个人自由，反而会起到一种内部限制。“基本人权如言论、结社、信仰自由等，虽被赋予个人，通常却是在群体内通过与他人的关系来实现的，所以也保护了群体的生存”，[1]诸如言论、结社、信仰自由等基本的公民权利已经能够很好地保持少数族群多样性文化。

金里卡则认为少数群体权利不仅与个人自由一致，而且能够促进个人自由。为了证明这一论点的正确，他对早期及当代自由主义理论家的相关主张进行了分析。自由主义的基本原则就是自由原则，个人的自由是第一位的。所以，要让自由主义学者认同少数群体的权利的一个前提条件就是少数群体的权利与个人的自由之间是不存在冲突的。金里卡认为自由主义者之所以反对少数群体的权利，所关注的一个焦点在于群体权利的内部歧视问题，即族群可能会出于对团结的考虑，通过具体的措施、政策等来限制群体成员的自由，从而产生了对个人自由权利的侵害。少数族群诉求特别权利为的是继续保存和发展自己的文化，而一般情况下，在族际交流的过程中文化上的互补大于冲突，通过融入不同文化中的有益成分，可以为自由提供更好的平台，同时可为不同文化族群间的相互认可提供基础。所以，他认为关注的焦点应该是“外部保护”问题，通过差异的群体权利来保护族群免受民族建构中经济压力或政治决策等外部决定的影响，族群有自由选择一种他们认为适合自己的美好生活，并且能够做到不断地审视和评价这些生活方式的价值，如果发现问题就应该加以修正。可见，个人自由和少数族群群体权利之间不存在内在矛盾，在民族建构过程中，包容现代社会中不同文化背景下族群之间的分歧与异议是可能的。

---

〔1〕［加］威尔·金里卡著，邓红风译：《少数的权利：民族主义、多元文化主义和公民》，上海译文出版社 2005 年版，第 68 页。

（二）平等原则与差异的权利

平等原则是西方自由主义思想的基本观念，不同的政治学家都相信某种意义上的平等，都同意人类是“生而平等”的，所以在一个政治共同体之内个人都应该得到平等的尊重和对待，每个人的生存、选择、文化等都应该具有同等的价值。但是，平等一词是存在争议性的，因为自由主义学者对平等的关注是多角度的，比如“根本平等”“形式平等”“机会平等”“结果平等”，不同的平等理念可能会相互冲突。自由主义认为平等的个人权利是维护国家权力合法性的基础，关注的焦点集中于法律、政治之上的“形式平等”，得出了平等的公民身份能够保障共同利益的分享，从而有利于社会的团结与统一，同时可以促进社会正义，并能保障与扩大个人的自由，而种族、性别、文化、宗教等方面的平等问题则被“善意”地忽略了，得出了族群获得了平等的公民身份，在法律之上也是平等的，国家应该保持中立性的结论。

当代民主国家政治发展过程中民主化、现代化的主要标志就是本国公民是否能够获得各种平等的权利，并能从宪法上得到保障，被称之为平等的公民权利。在西方自由主义传统占主导地位的国家中，平等的公民权利并不对族群身份予以过多的关注，对于少数族群提出的各种差异权利是很难得到认可的。个人能获得平等的政治权利、平等的法律地位与保障、平等的社会起点与生活机会等才是自由主义所追求的，对于群体的差别权利及少数族群的文化平等问题，大多数自由主义学者都不以为然，他们认为民族国家建构为了保持国家的完整，对少数族群必须进行强制同化或重划边界，而不是给予他们特别的权利。在这一逻辑下，多数群体很轻松地就会获得某些特权，如语言使用、教育机会上的优势。此外，少数族群的文化诉求属于个人的私人生活领域，不应该属于公共生活范畴的问题。公民个人有权追求他们认为至善的生活，只要没有侵害到他人的权利即可，国家是不会干涉也是不应该干涉个人的文化、宗教选择自由的。

例如，罗尔斯就认为公民的自由权具有优先性，“每个人对与其他人所拥有的最广泛的基本自由体系相容的类似自由体系都应有一种平等的权利，因为一个正义社会中的公民拥有同样的基本权利”。〔1〕可见，个人拥有了平等的道德地位，罗尔斯的平等自由原则关注的是个人的平等权利，而不是具有集体主义世界观的群体权利，强调的是政府应该平等地对待每一个人。然而个人平等却会导致族群的不平等，同时这种不平等通常是被忽略的，处于支配地位的多数人则控制了对共同善的解释权，“各种压迫和不正当的不平等会采取多种形式，而诉诸某种共同善的做法并不能充分地回应和注意到诸如此类的差异”。〔2〕

金里卡所主张的群体差别权利与自由主义的自由和平等原则并不存在内在的冲突，他对传统自由主义的平等、自由原则重新阐释。多元文化主义并没有否定个人平等，而是认为在个人平等的基础之上，还应该强调群体的平等，因为“文化成员身份对追求我们过好生活的这一根本利益而言是重要的，是平等关注社群中每个成员利益的一个重要组成部分”。〔3〕首先，在一个民族国家中，族群在政治生活中的地位并不单单是由平等的公民身份所决定的，还依赖于一定的经济地位与文化地位，

〔1〕［美］约翰·罗尔斯著，何怀宏等译：《正义论》，中国社会科学出版社1988年版，第61页。

〔2〕［美］艾丽斯·M. 杨著，彭斌、刘明译：《包容与民主》，江苏人民出版社2013年版，第102页。

〔3〕［加］威尔·金里卡著，应奇、葛水林译：《自由主义、社群与文化》，上海译文出版社2005年版，第160页。

及主流社会对他们的态度，而群体差别权利有利于促进事实上的平等，或者说所追求的是结果平等。其次，多数群体实际上是享有特权的，因为相关制度的制定难免会受到多数群体价值观的主导，官方语言与主流文化也必然由多数群体所掌控，因此，“西方民主宪政或联合国宣言所列出的基本个人权利并不足以保证族裔文化公正”。[1]

所以，金里卡提出了群体差别权利，他认为群体差别权利关注的是群体间的公正，要求对不同群体的成员应给予不同的权利，给予少数群体诸如自治、特殊代表等各种不同的特殊权利，来确保少数族群的文化身份能得到平等的对待，避免各种不公情况的出现。他认为在民族国家中由于存在着文化多样性，不同的公民身份权利是必要的，可以起到保护一个文化社群免于遭受到不公正对待的作用，同时，“对少数群体文化成员的自由的尊重要求尊重他们的文化结构，并进而要求少数群体文化的特殊的语言、教育，甚至政治权力”。[2] 总之，“社会和文化上相区分的群体之间存在着平等，他们相互尊重并在差异中相互承认”，[3]这就意味着从平等的角度来说，差异的权利、自治可以保持少数群体不受多数群体的不公正对待；从民族建构的角度来说，是否选择融入更大的社会文化之中，并且在平等的基础上与其他族群进行交往、融合，应该由各个族群根据自身情况自己决定。

---

〔1〕［加］威尔·金里卡著，邓红风译：《少数的权利：民族主义、多元文化主义和公民》，上海译文出版社 2005 年版，第 69 页。

〔2〕［加］威尔·金里卡著，应奇、葛水林译：《自由主义、社群与文化》，上海译文出版社 2005 年版，第 269 页。

〔3〕 Iris. M. Young, *Justice and the Politics of Difference*, Princeton: Princeton University Press, 1990, p. 163.

（三）共同文化与族群文化

金里卡所指的文化仅指社会文化，包括公共领域与私人领域中的政治、经济、教育、宗教生活等方面，有着共同的历史与记忆，也包括共同的制度与实践。在当代民主国家的民族建构过程中，共同文化的出现和传播并不是偶然的，而是伴随着民族建构的进程而产生的，并且与当代社会经济、政治的现代化、民主化密切相关。一种共同的、共享的社会文化是尤为重要的，由于这种社会文化具有明显的包容性，有利于民族国家内部各族群的融合，在此基础上可以打造出高度的民族团结。金里卡认为社会文化与民族性相关，社会文化通常就是民族文化，社会文化必然会有民族特征，“缺乏共同民族认同的国家，信任可能存在于群体内部，却不存在于群体之间”,[1]民族这一想象的共同体存在的一个重要条件就是共同的文化。

当代自由主义忽视了少数群体文化存在的重要性，追求的是公民身份的平等权。金里卡认为西方民主国家在包容少数族群文化方面所做的工作是不到位的，由于民族建构的内在要求，各个民族国家都需要打造出一种共同文化或主流文化，这使得大多数当代自由主义学者都认为维护族群的独特文化不利于民族融合，一旦给予特定族群实质的文化权利，将直接威胁到民族国家的领土完整性。大多数学者普遍认为一种共同的民族认同是必要的，可以采用一种共同的民族认同来替代现存的少数族群认同，或认为统一的民族认同处于优先地位，而为了达到这一目的可以忽略少数群体的权利，并采取了各种不正义的民族融合措施，这种理论及相关制度使西方民族国家国内的少数族群文化面临着被同化的危险，诸如加拿大的因纽特人、美国

---

〔1〕［英］戴维·米勒著，刘曙辉译:《论民族性》，译林出版社2010年版，第92页。

的印第安人等都为保留他们的独特文化做出了极大的努力，乃至引发了各种以追求独立为目标的民族主义运动。

金里卡认为少数族群的文化存在是合理的，族群文化对于个体的行为和发展具有重要作用。族群文化可以起到影响个体认同的作用，族群文化的特殊性是伴随着历史发展产生的，个人对这一特色文化具有归属感和依赖性，这种文化联系是相对稳定的，与个体成员的自豪和自尊密切相关，所以在民族建构中要充分认识到族群文化存在的价值及其稳定性，要意识到少数群体不会轻易地主动放弃他们的族群文化，采取强制性、不平等的措施来进行民族建构非常容易滋生具有独立倾向的民族主义，因为“一个人的出身不是随便就可以抹杀的，它是也仍然是形成他是谁的一个组成部分”。[1]他进一步认为无论是个人的自由，还是少数群体都与文化紧密相连，整个人类世界就是由各种各样的社会文化所组成的一个整体，要包容性地对待少数族群的文化，这是现代民主国家进行民族建构的必然趋势，符合平等、公正等政治价值所追求的“至善”目标。

对少数族群文化平等的承认与肯定，并给予他们一定的特殊权利来保存和发展他们的文化具有三层意义：第一是对他们自我认同的肯定；第二是要扭转他们过去所遭受到的歧视；第三是让他们获得一个参与竞争的公平基础。但金里卡认为要区别移民的故乡文化与原住民的特有文化。对于移民来说，在加入到一个新的国家时其内心深处是希望主动融入新的社会共同体中的，期待学习新国家的历史、语言、习俗等，他认为从公平的角度来说移民也有保持其原有文化的权利，这不会对移民的融入问题产生影响，也不易造成社会的不稳定，一种文化能

〔1〕［加］威尔·金里卡著，应奇、葛水林译：《自由主义、社群与文化》，上海译文出版社 2005 年版，第 168 页。

够传承下去的关键就在于语言，而移民们随着母语的改变，在新社会的公共生活中到第三代就会脱离原有文化的影响。但原住民的特殊文化的情况却是不同的，这些少数群体的独特文化有的是在民族国家出现前就早已存在的，有着共同的地域、历史、语言等条件。总之，在民族建构的过程中包容性地对待少数族群的独特文化，不仅是当代民主政治的必然要求，也是加强各国共同文化生命力、竞争力的内在要求。

五、多元文化主义政治理论对民族国家建构的启示

（一）任何一种族群文化都有其存在的价值和意义，在民族建构的过程中必须平等地对待多元文化

当代民族国家的主流文化必然具有多元色彩，族群的多样性必然会带来文化的多样性。由于文化不论大小都是平等的，这就决定了族群无论大小也都是平等的，都有保存和发展其独特文化的权利，个体自出生起就处在社会化的过程中，必定会归属于一定的共同体，如种族、血缘、共同的历史等因素，纯粹的抽象个体是不存在的，“个人自主和自我认同与他的社会文化归属是联系在一起的”。〔1〕族群文化是一种重要的资源，“这种共同文化不仅给予其成员归属感，提供一种历史认同，并且为他们提供更多选择如何生活的背景”。〔2〕所以“不同的文化，就像是人类大花园里众多和睦相处的鲜花，能够也应当共存繁荣”。〔3〕

〔1〕［加］威尔·金里卡著，马莉、张昌耀译：《多元文化的公民身份——一种自由主义的少数群体权利理论》，中央民族大学出版社 2009 年版，第 183 页。

〔2〕［英］戴维·米勒著，刘曙辉译：《论民族性》，译林出版社 2010 年版，第 86 页。

〔3〕［英］以赛亚·伯林著，冯克利译：《反潮流：观念史论文集》，译林出版社 2002 年版，第 13 页。

同时，在一个拥有多个族群的民族国家中，多元的族群文化也是国家软实力的力量源泉。随着全球化、现代化的发展，国家间的竞争、渗透、同化更多地是通过文化层面进行的，经济与军事作为硬实力固然重要，但现阶段软实力的竞争变得越来越重要，已经成了国家综合国力的重要组成部分。约瑟夫·奈就认为软实力的资源之一就在于一个国家的文化所能发挥其魅力的领域，“政治价值观和文化差异不仅继续存在，而且是使文化充满活力的动力和源泉”，[1]大国的影响力明显要大于小国，原因是大国普遍拥有丰富的民族文化资源，增强了民族国家文化发展的活力与动力。

所以，“国家的作用不应该是将某些业已形成的民族文化定义强加在可能抵制它的个人身上，而应该是提供一种文化能够自发发展而不为特定个人的经济自利行为所侵蚀的环境”。[2]这就一致要求现代民族国家在民族建构的过程中，要肯定多元文化存在的价值，为少数族群提供有力措施和条件来传承他们的特色文化，避免出现文化歧视、强制同化的情况，并且要看到在和平年代，国家间的竞争主要是在文化层面的软实力的竞争，而多元的族群文化是提高国家文化软实力的宝贵财富，必须要合理地加以利用来增强国家的国际话语权。

（二）国家权力合法性来源不仅在于以公民身份为基础的政治纽带，也同样要看到以族群身份为基础的文化纽带的重要性

民族国家的稳定需要国界内部各个族群对国家的认同，这种认同是国家权力合法性来源的基础，民族建构的方式是自上

---

〔1〕［美］菲利克斯·格罗斯著，王建娥、魏强译：《公民与国家——民族、部族和族属身份》，新华出版社2003年版，第220页。

〔2〕［英］戴维·米勒著，刘曙辉译：《论民族性》，译林出版社2010年版，第88页。

而下由国家主导的，培育共同的认同与文化最有效的工具就是共同的语言，这是族群之间相互沟通交流、进行民主协商、平等地融入主流社会的宝贵资源，主要是由公民身份与文化成员身份这两个方面所形成的共享的政治认同感决定的。

公民身份是一种超越了族群认同的认同，可以把不同文化的族群整合为一个整体，不仅是联系族群和国家的重要工具，也是使文化得以延续和传递的基本制度。在现代民主国家内，公民身份要求每一个公民的自由权利、平等权利都有宪法的明确规定与保障，国家不考虑族属、宗教背景而能够平等地对待每一个公民，让彼此都能够自由、平等地参与政治、经济生活，这可以塑造出公民对于国家政治上的认同。文化成员身份就是个人的族群归属，这种共享的文化是族群内个体作出合理选择和个人发展的背景，也是文化认同基础上形成共同性意识的源泉，因为“我们往往从我们所属的共同体和制度（如家庭、学校和教会等）灌输给我们的价值出发”，[1]这是族群自信、自尊的来源及族群间相互区别的基础。

族群文化的凝聚力是难以描述的，潜移默化于族群的价值观和传统习俗之中，同时，在族群文化平等条件下自发形成的民族认同与由政治强迫而形成的民族认同存在着很大的差别，相互排斥的文化价值观不利于族群之间的和谐共处，由于族群文化具有独特的内在吸引力和凝聚力，这些共同的历史和传统在特定情况下会加强团结而不是分裂，所以族群身份的存在具有纽带作用与特殊的价值。格罗斯就认为“族属意识（ethnicity）或族属身份（nationality）构成了社会的一个基本文化层面；它

---

〔1〕［英］戴维·米勒著，刘曙辉译：《论民族性》，译林出版社 2010 年版，第 45 页。

是社会凝聚力的一个重要纽带”,[1]只有共同语言、共同的政治认同基础上的社会文化，必然只能成为一种淡薄的公民认同的基础，是不利于民族一体化进程的。在族群多元文化基础上形成的民族文化具有极强的认同力量，会形成共享的政治认同感，这是政治统一的关键因素。这就意味着族群身份作为一种社会文化纽带，与公民身份这一政治纽带对于民族建构来说是缺一不可的，这是协调族群差异与国家统一之间关系的关键因素，意味着民族国家可能有着不同的族群认同，却可以培育出统一的民族认同。

（三）民族国家的存在是人类历史发展的必然，族群特别权利并不会导致冲突与分裂

民族国家作为一种族群政治合作的框架，不仅是公民权利和义务也是族群权利和义务得以实现的保障，必然依赖于一定的强制机制。如韦伯、吉登斯等人都一致认为民族国家的特征在于民族与地域的一致性，以及国家对暴力机构的合法垄断，这是维护国家统一、公民福祉、社会和谐的保证。现代民族国家民族建构的前提和基础均是建立在平等、自由原则之上的，历史上各种强制性、不平等的民族融合及民族压迫、种族清洗等措施已然不能适应当今世界民主政治发展的需要了，所以要给予少数群体特别权利来实现事实上的平等，通过不同族群相互尊重、相互认同的途径来进行民族建构。

族群的特别权利是正当的，个人拥有选择其族群认同的权利，他们有权自我选择族际整合的步骤或拒绝各种同化政策。同时，族群特别权利的初衷在于少数族群追求文化平等，让他们的族群特色文化、生活方式、价值观等得到主流群体合理的

---

〔1〕［美］菲利克斯·格罗斯著，王建娥、魏强译:《公民与国家——民族、部族和族属身份》，新华出版社 2003 年版，第 119 页。

对待。居于平等基础上的相互间的信任是必要的，这种信任对维护政治共同体的团结有着重要作用，会让具有不同族群身份的个人相信彼此都会遵守各自的权利和义务，以便通过更为公正、民主的民族建构过程来对待不同文化的族群，而不是以血缘、肤色来区别对待少数群体，这样就不会导致分裂性的民族主义的产生。戴维·米勒把一种能够对族群的“认同和物质福利重要的问题以立法权和决策权的宪法解决方案”，[1]即族群的某种代表性体制视为解决民族自决要求的有效机制。

族群特别权利从民族建构的角度来看，在一定时期是有利于维护国家权力合法性的，同样不会导致民族国家国内族群的冲突与民族分裂。族群特别权利是为了让少数族群更好地融入主流社会，而不是促使他们进行自我隔离或者分裂，差异政治是民主沟通的资源而不是障碍，“群体代表权的措施是许多受到不公正的排斥的议题、分析、立场或观点获得发言权的最佳方式”。[2]虽然各种形式的自治或多或少确实会对民族团结构成威胁，但是如自治并不要求民族国家按族群分布进行分割形成“飞地”，自治权利无论从平等的理由，还是历史上的协定抑或是与生俱来的权利来考察都有其存在的合理性。从现实中可以看到严格落实“共同的公民身份”是不现实的，“因为拒绝自治权利只会使少数族群的疏远现象更加严重，使他们脱离的愿望更加强烈”，[3]通过全球民族分离主义的考察可以看出，民族自治是缓解民族国家国内族群暴力冲突的有效手段。

---

〔1〕［英］戴维·米勒著，刘曙辉译：《论民族性》，译林出版社 2010 年版，第 116 页。

〔2〕［美］艾丽斯·M. 杨著，彭斌、刘明译：《包容与民主》，江苏人民出版社 2013 年版，第 153 页。

〔3〕［加］威尔·金里卡著，马莉、张昌耀译：《多元文化的公民身份——一种自由主义的少数群体权利理论》，中央民族大学出版社 2009 年版，第 259 页。

（四）培养出统一的公民文化有利于促进族际整合，实现族群差异性和国家同一性之间的和谐

要从制度层面培养出统一的国家——公民文化，这种统一的社会文化会培养出居于彼此信任基础上的民族认同，彼此联合而负有义务，而民族认同离不开一种“共同的价值观”，这种价值观不仅具有政治性，也有文化性。“共同的价值观”不仅通过公正、自由、平等政治概念，并且以源自相同的历史、文化、语言、宗教背景的认同思想，把民族意识、爱国意识、忠诚意识统一起来。哈贝马斯把这种建立在共同的传统、文化和语言基础上的团结认为是民族国家建构的一种成功经验，同时，宪政爱国主义要求的公正、民主的公民身份也是不可或缺的，二者的统一才能形成一种强势的认同，即通过制度层面来培育出统一的公民文化，强化族群对政治共同体的效忠，培育出统一的民族认同。〔1〕这样“族群与民族共存似乎极有可能，任何一个都不会威胁排除另一个。一切都依赖于族群群体对其民族的认同以及对与之相适应的政治制度是否感到安全和舒服”，〔2〕宽容地对待少数群体的差异性可以为国家的权力合法性提供更广泛、更牢靠的基础，因为“在一个大的人类集合体中，只有一种共同的民族性能够提供使之成为可能的团结感”，〔3〕打造一种共同的公民文化，并促进各异族群融入其中是当代民主国家进行民族建构的有效手段。

族群差异性和国家同一性之间的矛盾并非不可调和，族群

---

〔1〕 Habermas Jugen, “Citizenship and National Identity: Some Reflections on the Future of Europe”, *Praxis International*, Vol. 12, No. 1, 1992, pp. 1~19.

〔2〕［英］戴维·米勒著，刘曙辉译：《论民族性》，译林出版社 2010 年版，第 21 页。

〔3〕［英］戴维·米勒著，刘曙辉译：《论民族性》，译林出版社 2010 年版，第 92 页。

差异的强调及被政治化，虽然可能会对国家稳定构成障碍，但是这种情况并不是必然发生的，而民族建构也不仅仅是文化层面的问题，在文化多元的社会中族群认同和民族认同应该共同存在。事实上，少数族群对特别权利的追求，是希望一种自上而下的改革来包容他们的文化差异，认可他们文化的价值。所以，“民族”这个概念不应过分强调血缘因素，而应该按照与文化共同体是否整合而不是血统来确定，“民族身份原则上应该向所有人开发，不管他属于什么种族或具有什么颜色，只要他愿意学习所在社会的语言和历史，并且参与到该社会的政治机构中，他就不能被排斥”。〔1〕一定要包容族群文化的多样性和差异性，“‘深度的多样性’是建立一个团结的民族国家的唯一公式”，〔2〕强势的国家认同需要政治认同和文化认同的统一，“二重或多重认同所有这些都是发展或建立一个多民族公民国家、一种公民政体的最基本的条件”，〔3〕“国家可以仅立于民主原则的基础之上，无须特定民族认同或文化的支持，这是神话”。〔4〕

六、总　结

文化相对论认为文化不论大小，都有其存在的价值，每个族群多元的文化都是独一无二的，对于人类社会的发展都有相同的贡献。多元文化主义理论在实践上所要求的是使多元族群

〔1〕［加］威尔·金里卡著，马莉、张昌耀译：《多元文化的公民身份——一种自由主义的少数群体权利理论》，中央民族大学出版社 2009 年版，第 34 页。

〔2〕 Taylor Charles, “Shared and Divergent Values”, in Watts and D. G. Brown eds., *Options for a New Canada*, University of Toronto Press, 1991, p. 76.

〔3〕［美］菲利克斯·格罗斯著，王建娥、魏强译：《公民与国家——民族、部族和族属身份》，新华出版社 2003 年版，第 198 页。

〔4〕［加］威尔·金里卡著，邓红风译：《少数的权利：民族主义、多元文化主义和公民》，上海译文出版社 2005 年版，第 277 页。

的不同文化生活形态在公共领域中法治化与制度化，将多样性的概念纳入社会与政治实务中，从而创造一个新的政治认同与文化认同框架，朝着建构一种差异的公民权利迈进。因此，不仅要承认少数族群的存在，更要公正地对待他们的特色文化，以协商的方式形成共识，进而使少数族群获得公正的待遇，以及国家政策上的保障。多元文化主义有助于民族建构，可以通过“存异”来达到“求同”的大目标。[1]我们要认识到，“多元文化主义并不是一种没有文化空间界限的分裂，也不是一个世界文化的熔炉。它的目的是要把文化的多样性与文化财富的大量产生与传播结合起来”。[2]从实践的角度来看，加拿大、澳大利亚等国先后制定了多元文化主义政策，通过多年的实践来看多元文化主义理论作为进行民族建构的政治思想是可行的，这一理论所主张的通过一种更为平等、公正、包容的方式来进行民族建构符合人类社会发展的趋势和要求，实现了族群文化多样性之间的和谐共存，缓解了族群文化差异所带来的张力，是当代民族国家建构的一种有益尝试。

---

〔1〕 Will Kymlicka, *Finding Our Way: Rethinking Ethnocultural Relations in Canada*, Don Mills, Ont.: Oxford University Press, 1998, p. 46.

〔2〕［法］阿兰·图海纳著，狄玉明等译：《我们能否共同生存？——既彼此平等又互有差异》，商务印书馆2003年版，第225页。

主要参考文献

一、经典作家文献集：

[1]《列宁选集》（第 2 卷），人民出版社 1972 年版。

[2]《列宁选集》（第 4 卷），人民出版社 1972 年版。

[3]《列宁全集》（第 20 卷），人民出版社 1963 年版。

[4]《斯大林全集》（第 2 卷），人民出版社 1953 年版。

二、外文著作、编著、论文集中译本：

[1]［古希腊］柏拉图著，郭斌和、张竹明译：《理想国》，商务印书馆 1996 年版。

[2]［古希腊］亚里士多德著，吴寿彭译：《政治学》，商务印书馆 1983 年版。

[3]［古希腊］亚里士多德著，廖申白译：《尼各马可伦理学》，商务印书馆 2003 年版。

[4]［英］约翰·洛克著，叶启芳、瞿菊农译：《政府论》（下），商务印书馆 1964 年版。

[5]［英］霍布斯著，黎思复、黎廷弼译：《利维坦》，商务印书馆 1985 年版。

[6]［英］约翰·密尔著，程崇华译：《论自由》，商务印书馆 1959 年版。

[7]［英］约翰·密尔著，汪瑄译：《代议制政府》，商务印书馆 2007 年版。

[8]［英］霍布豪斯著，朱曾汶译：《自由主义》，商务印书馆 1996 年版。

[9]［英］鲍桑葵著，汪淑钧译：《关于国家的哲学理论》，商务印书馆

1996 年版。

［10］［英］戴维·米勒、韦农·波格丹诺主编，邓正来译：《布莱克维尔政治学百科全书》，中国政法大学出版社 1992 年版。

［11］［英］戴维·米勒著，刘曙辉译：《论民族性》，译林出版社 2010 年版。

［12］［英］戴维·米勒著，杨通进、李广博译：《民族责任与全球正义》，重庆出版集团 2014 年版。

［13］［英］安德鲁·海伍德著，吴勇译：《政治学核心概念》，天津人民出版社 2008 年版。

［14］［英］亚当·斯威夫特著，萧韶译：《政治哲学导论》，江苏人民出版社 2006 年版。

［15］［英］史蒂芬·缪哈尔、亚当·斯威夫特著，孙晓春译：《自由主义与社群主义者》，吉林人民出版社 2007 年版。

［16］［英］安东尼·史密斯著，龚维斌、良警宇译：《全球化时代的民族与民族主义》，中央编译出版社 2002 年版。

［17］［英］安东尼·史密斯著，叶江译：《民族主义：理论、意识形态、历史》，上海人民出版社 2002 年版。

［18］［英］埃里·凯杜里著，张明明译：《民族主义》，中央编译出版社 2002 年版。

［19］［英］厄内斯特·盖尔纳著，韩红译：《民族与民族主义》，中央编译出版社 2002 年版。

［20］［英］埃里克·霍布斯鲍姆著，李金梅译：《民族与民族主义》，上海人民出版社 2006 年版。

［21］［英］安东尼·吉登斯著，胡宗泽等译：《民族-国家与暴力》，生活·读书·新知三联书店 1998 年版。

［22］［英］安东尼·吉登斯著，赵旭东、方文译：《现代性与自我认同》，生活·读书·新知三联书店 1998 年版。

［23］［英］安东尼·吉登斯著，郑戈译：《第三条道路：社会民主主义的复兴》，生活·读书·新知三联书店 2000 年版。

［24］［英］T. H. 马歇尔等著，郭忠华、刘训练编：《公民身份与社会阶

级》，江苏人民出版社 2008 年版。

[25] [英] 布莱恩・特纳编，郭忠华、蒋红军译：《公民身份与社会理论》，吉林人民出版社 2007 年版。

[26] [英] 尼克・史蒂文森编，陈志杰译：《文化与公民身份》，吉林人民出版社 2007 年版。

[27] [英] 巴特・范・斯廷博根编，郭台辉译：《公民身份的条件》，吉林人民出版社 2007 年版。

[28] [英] 德里克・希特著，郭忠华译：《何谓公民身份》，吉林人民出版社 2007 年版。

[29] [英] 以赛亚・伯林著，陈晓林译：《自由四论》，台湾联经出版公司 1987 年版。

[30] [英] 以赛亚・伯林著，胡传胜译：《自由论》，译林出版社 2003 年版。

[31] [英] 以赛亚・伯林著，冯克利译：《反潮流：观念史论文集》，译林出版社 2002 年版。

[32] [英] 以赛亚・伯林著，潘荣荣、林茂译：《现实感》，译林出版社 2004 年版。

[33] [英] 以赛亚・伯林著，亨利・哈代编，吕梁等译：《浪漫主义的根源》，译林出版社 2008 年版。

[34] [英] 约瑟夫・拉兹著，孙晓春译：《自由的道德》，吉林人民出版社 2006 年版。

[35] [英] 约翰・格雷著，马俊峰等译：《伯林》，昆仑出版社 1999 年版。

[36] [英] 约翰・格雷著，顾爱彬、李瑞华译：《自由主义的两张面孔》，江苏人民出版社 2002 年版。

[37] [英] 约翰・格雷著，曹海军、刘训练译：《自由主义》，吉林人民出版社 2005 年版。

[38] [英] 理查德・贝拉米著，王萍等译：《重新思考自由主义》，江苏人民出版社 2005 年版。

[39] [英] 爱德华・莫迪默、罗伯特・法恩主编，刘泓、黄海慧译：《人民・民族・国家——族性与民族主义的含义》，中央民族大学出版社

2009 年版。

[40] [英] C. W. 沃特森著，叶兴艺译：《多元文化主义》，吉林人民出版社 2005 年版。

[41] [美] 乔治·霍兰·萨拜因著，盛葵阳、崔妙因译：《政治学说史》，商务印书馆 1990 年版。

[42] [美] 约翰·麦克里兰著，彭淮栋译：《西方政治思想史》，海南出版社 2003 年版。

[43] [美] 艾丽斯·M. 杨著，彭斌、刘明译：《包容与民主》，江苏人民出版社 2013 年版。

[44] [美] 本尼迪克特·安德森著，吴叡人译：《想象的共同体：民族主义的起源与散布》，上海人民出版社 2005 年版。

[45] [美] 迈克尔·赫克特著，韩召颖等译：《遏制民族主义》，中国人民大学出版社 2012 年版。

[46] [美] 科恩著，聂崇信、朱秀贤译：《论民主》，商务印书馆 2007 年版。

[47] [美] 塞缪尔·亨廷顿著，周琪等译：《文明的冲突与世界秩序的重建》，新华出版社 2002 年版。

[48] [美] 塞缪尔·亨廷顿著，程克雄译：《我们是谁？——美国国家特性面临的挑战》，新华出版社 2005 年版。

[49] [美] 约翰·罗尔斯著，何怀宏等译：《正义论》，中国社会科学出版社 1988 年版。

[50] [美] 约翰·罗尔斯著，万俊人译：《政治自由主义》，译林出版社 2000 年版。

[51] [美] 罗纳德·德沃金著，张国清译：《原则问题》，江苏人民出版社 2008 年版。

[52] [美] 罗纳德·德沃金著，冯克利译：《至上的美德——平等的理论与实践》，江苏人民出版社 2003 年版。

[53] [美] 罗伯特·诺奇克著，姚大志译：《无政府、国家和乌托邦》，中国社会科学出版社 2008 年版。

[54] [美] A. 麦金太尔著，龚群等译:《德性之后》，中国社会科学出版社 1995 年版。
[55] [美] A. 麦金太尔著，朱继杰译:《追寻美德》，译林出版社 2003 年版。
[56] [美] A. 麦金太尔著，万俊人、吴海针、王今一译:《谁之正义？何种合理性?》，当代中国出版社 1996 年版。
[57] [美] A. 麦金太尔著，万俊人等译:《三种对立的道德探究观》，中国社会科学出版社 1999 年版。
[58] [美] 迈克尔・J. 桑德尔著，万俊人等译:《自由主义与正义的局限》，译林出版社 2001 年版。
[59] [美] 迈克尔・沃尔泽著，褚松燕译:《正义诸领域 为多元主义与平等一辩》，译林出版社 2002 年版。
[60] [美] 迈克尔・沃尔泽著，袁建华译:《论宽容》，上海人民出版社 2000 年版。
[61] [美] 查尔斯・蒂利著，谢岳译:《身份、边界与社会联系》，上海人民出版社 2008 年版。
[62] [美] 斯蒂芬・马塞多著，马万利译:《自由主义美德》，译林出版社 2010 年版。
[63] [美] 汉娜・阿伦特著，竺乾威等译:《人的条件》，上海人民出版社 1999 年版。
[64] [美] 戴维・波普诺著，李强等译:《社会学》，中国人民大学出版社 2007 年版。
[65] [美] 菲利克斯・格罗斯著，王建娥、魏强译:《公民与国家——民族、部族和族属身份》，新华出版社 2003 年版。
[66] [美] 哈罗德・伊罗生著，邓伯宸译:《群氓之族》，广西师范大学出版社 2008 年版。
[67] [美] 弗兰西斯・福山著，黄胜强、许铭原译:《国家建构：21 世纪的国家治理与世界秩序》，中国社会科学出版社 2007 年版。
[68] [美] 乔治・瑞泽尔著，谢立中等译:《后现代社会理论》，华夏出版社 2003 年版。

[69] [美] 丹尼尔·贝尔著，李琨译:《社群主义及其批评者》，生活·读书·新知三联书店 2002 年版。
[70] [美] 马克·里拉、罗纳德·德沃金、罗伯特·西尔维斯编，刘擎、殷莹译:《以赛亚·伯林的遗产》，新星出版社 2006 年版。
[71] [美] 科克-肖·谭著，杨通进译:《没有国界的正义：世界主义、民族主义与爱国主义》，重庆出版集团 2014 年版。
[72] [加] 威尔·金里卡著，刘莘译:《当代政治哲学》，上海三联书店 2004 年版。
[73] [加] 威尔·金里卡著，邓红风译:《少数的权利：民族主义、多元文化主义和公民》，上海译文出版社 2005 年版。
[74] [加] 威尔·金里卡著，应奇、葛水林译:《自由主义、社群与文化》，上海译文出版社 2005 年版。
[75] [加] 威尔·金里卡著，马莉、张昌耀译:《多元文化的公民身份——一种自由主义的少数群体权利理论》，中央民族大学出版社 2009 年版。
[76] [加] 查尔斯·泰勒著，程炼译:《现代性之隐忧》，中央编译出版社 2001 年版。
[77] [加] 查尔斯·泰勒著，韩震等译:《自我认同的根源：现代认同的形成》，译林出版社 2001 年版。
[78] [加] 詹姆斯·塔利著，黄俊龙译:《陌生的多样性：歧异时代的宪政主义》，上海译文出版社 2005 年版。
[79] [加] 查尔斯·琼斯著，李丽丽译:《全球正义 捍卫世界主义》，重庆出版集团 2014 年版。
[80] [德] 尤尔根·哈贝马斯著，童世骏译:《在事实与规范之间——关于法律和民主法治国的商谈理论》，生活·读书·新知三联书店 2003 年版。
[81] [德] 尤尔根·哈贝马斯著，曹卫东译:《包容他者》，上海人民出版社 2002 年版。
[82] [德] 尤尔根·哈贝马斯著，曹卫东译:《后民族结构》，上海人民出版社 2002 年版。

[83] [德] 马克斯·韦伯著，林荣远译:《经济与社会》（上、下卷），商务印书馆 1997 年版。
[84] [德] 汉斯-乌尔里希·维勒著，赵宏译:《民族主义：历史、形式、后果》，中国法制出版社 2013 年版。
[85] [法] 卢梭著，何兆武译:《社会契约论》，商务印书馆 2003 年版。
[86] [法] 卢梭著，陈惟和译:《卢梭民主哲学》，九州出版社 2000 年版。
[87] [法] 吉尔·德拉诺瓦著，郑文彬、洪晖译:《民族与民族主义》，生活·读书·新知三联书店 2005 年版。
[88] [法] 阿兰·图海纳著，狄玉明等译:《我们能否共同生存？——既彼此平等又互有差异》，商务印书馆 2003 年版。
[89] [以色列] 耶尔·塔米尔著，陶东风译:《自由主义的民族主义》，上海译文出版社 2005 年版。
[90] [印度] 阿马蒂亚·森著，李风华、陈昌升、袁德良译:《身份与暴力：命运的幻象》，中国人民大学出版社 2009 年版。

三、中文著作、编著、论文集:

[1] 美国不列颠百科全书公司编:《不列颠百科全书国际中文版》（第 4 卷），中国大百科全书出版社 1999 年版。
[2] 宁骚:《民族与国家：民族关系与民族政策的国际比较》，北京大学出版社 1995 年版。
[3] 俞可平:《社群主义》，中国社会科学出版社 2005 年版。
[4] 周平:《多民族国家的族际政治整合》，中央编译出版社 2012 年版。
[5] 周平:《民族政治学二十三讲》，中央编译出版社 2014 年版。
[6] 关凯:《族群政治》，中央民族大学出版社 2007 年版。
[7] 苏国勋、张旅平、夏光:《全球化：文化冲突与共生》，社会科学文献出版社 2006 年版。
[8] 李天义主编:《共同体与政治团结》，社会科学文献出版社 2011 年版。
[9] 徐迅:《民族主义》，中国社会科学出版社 2005 年版。
[10] 潘小娟主编:《当代西方政治学新词典》，吉林人民出版社 2001

年版。
[11] 曹卫东:《曹卫东讲哈贝马斯》,北京大学出版社 2005 年版。
[12] 钱穆:《中国历代政治得失》,生活·读书·新知三联书店 2001 年版。
[13] 李强:《自由主义》,东方出版社 2015 年版。
[14] 王彩波主编:《西方政治思想史——从柏拉图到约翰·密尔》,中国社会科学出版社 2004 年版。
[15] 王彩波主编:《个人权利与社会正义》,中国社会科学出版社 2007 年版。
[16] 应奇、刘训练主编:《自由主义中立性及其批评者》,江苏人民出版社 2007 年版。
[17] 江宜桦:《自由民主的理路》,台北联经事业公司 2001 年版。
[18] 江宜桦:《自由主义、民族主义与国家认同》,台北扬智文化事业股份有限公司 1998 年版。
[19] 汪晖、陈燕谷主编:《文化与公共性》,生活·读书·新知三联书店 1998 年版。
[20] 姚大志:《何谓正义:当代西方政治哲学研究》,人民出版社 2007 年版。
[21] 甘阳:《将错就错》,生活·读书·新知三联书店 2002 年版。
[22] 刘军宁等编:《直接民主和间接民主》,生活·读书·新知三联书店 1998 年版。
[23] 刘军宁等编:《自由与社群》,生活·读书·新知三联书店 1998 年版。
[24] 姚大志:《何谓正义:当代西方政治哲学研究》,人民出版社 2007 年版。
[25] 常士訚主编:《异中求和:当代西方多元文化主义政治思想研究》,人民出版社 2009 年版。
[26] 常士訚、高春芽、吕建明主编:《多元文化与国家建设》,天津人民出版社 2012 年版。
[27] 贾英健:《全球化背景下的民族国家研究》,中国社会科学出版社 2005 年版。

[28] 陈茂荣:《马克思主义视野的“民族认同”问题研究》，中国社会科学出版社 2014 年版。
[29] 于春洋:《现代民族国家建构：理论、历史与现实》，中国社会科学出版社 2016 年版。
[30] 陈鸿瑜:《政治发展理论》，台北桂冠图书公司 1995 年版。
[31] 张寅:《多元文化背景下的民族国家建构》，云南人民出版社 2015 年版。

四、中文论文：

[1] [英] 安东尼·史密斯:“民族主义的理论”，宁骚译，载《民族译丛》1986 年第 1 期。
[2] [英] 安东尼·史密斯:“文化、共同体和领土—— 种族与民族主义的政治学”，载《马克思主义与现实》2009 年第 4 期。
[3] 潘蛟:“‘族群’与民族概念的互补还是颠覆”，载《云南民族大学学报》(哲学社会科学版) 2009 年第 1 期。
[4] 周平:“民族国家与国族建设”，载《政治学研究》2010 年第 3 期。
[5] 周平:“边疆治理视野中的认同问题”，载《云南师范大学学报》(哲学社会科学版) 2009 年第 1 期。
[6] 周平:“对民族国家的再认识”，载《政治学研究》2009 年第 4 期。
[7] 徐勇:“‘回归国家’与现代国家的建构”，载《东南学术》2006 年第 4 期。
[8] 王建娥:“国家建构和民族建构：内涵、特征及联系——以欧洲国家经验为例”，载《西北师大学报》(社会科学版) 2010 年第 2 期。
[9] 王建娥:“族际政治民主化：多民族国家建设和谐社会的重要课题”，载《民族研究》2006 年第 5 期。
[10] 解志苹、吴开松:“全球化背景下国家认同的重塑——基于地域认同、民族认同、国家认同的良性互动”，载《青海民族研究》2009 年第 4 期。
[11] 周光辉:“国家认同的规范之维”，载《学习与探索》2016 年第

8期。
[12] 刘擎:“伯林与自由民族主义:从观念分析向社会学视野的转换”,载《社会学研究》2006年第2期。
[13] 刘擎:“国家中立性原则的道德维度”,载《华东师范大学学报》(哲学社会科学版)2009年第2期。
[14] 马德普:“价值多元论与普遍主义的困境——伯林的自由思想对自由主义政治哲学的挑战”,载《天津师范大学学报》(社会科学版)2001年第6期。
[15] Willian A. 威尔森:“赫尔德:民俗学与浪漫民族主义”,冯文开译,载《民族文学研究》2008年第3期。
[16] 张文山:“论自治权的法理基础”,载《西南民族学院学报》(哲学社会科学版)2002年第7期。
[17] 马俊毅、席隆乾:“论‘族格’——试探民族平等与民族自治、民族自决的哲学基础”,载《民族研究》2007年第1期。
[18] 马俊毅:“现代多民族国家中民族权利的理论路径——基于族格的视域”,载《学术界》2015年第1期。
[19] 张友国:“民族自决的两难困境及其解决”,载《首都师范大学学报》(社会科学版)2009年第5期。
[20] 史晓红:“威尔逊民族自决原则研究综论”,载《河南大学学报》(社会科学版)2010年第2期。
[21] 姚新勇:“荒谬而危险的‘天赋族格’说——关于《论‘族格’——试探民族平等与民族自治、民族自决的哲学基础》的质疑”,载《暨南学报》(哲学社会科学版)2010年第3期。
[22] 邓立群:“民族自决理论及其中国实践”,载《广西民族研究》2010年第1期。
[23] [加] 威尔·金里卡:“多民族国家中的认同政治”,刘曙辉译,载《马克思主义与现实》2010年第2期。
[24] 崔萌:“民族国家的认同危险及其社会整合——哈贝马斯后民族结构理论论析”,山东大学2015年博士学位论文。
[25] 杜宴林、才圣:“中国多民族视域下的‘国家认同’政治建构”,载

《东北师范大学学报》(哲学社会科学版) 2016 年第 3 期。

[26] 马戎:“创建中华民族的共同文化，应对 21 世纪中国面临的严峻挑战”，载《西北民族研究》2012 年第 2 期。

[27] 张国清:“在善与善之间：伯林的价值多元论难题及其批判”，载《哲学研究》2004 年第 7 期。

[28] 姚大志:“自由主义的社群主义批判”，载《厦门大学学报》(哲学社会科学版) 2011 年第 3 期。

[29] 俞可平:“当代西方社群主义及其公益政治学评析”，载《中国社会科学》1998 年第 3 期。

[30] 寇东亮:“德性优先于权利——对社群主义理论的一种解读”，载《河南社会科学》2005 年第 1 期。

[31] 王作印:“自由主义与社群主义国家观之争及其启示”，载《社会科学辑刊》2007 年第 3 期。

[32] 杨雪冬:“民族国家与国家建构：一个理论综述”，载《复旦政治学评论》2005 年。

[33] 应奇:“摆荡于竞争与和解之间”，载《吉林大学社会科学学报》2008 年第 1 期。

[34] 应奇、佘天泽:“从民族认同到公民身份——现代民族国家的社会整合与多元稳定”，载《江苏行政学院学报》2012 年第 2 期。

[35] 郭忠华:“动态匹配 · 多元认同 · 双向建构——再论公民身份与国家认同的关系”，载《中山大学学报》(人文社会科学版) 2011 年第 2 期。

[36] 肖滨:“两种公民身份与国家认同的双元结构”，载《武汉大学学报》(哲学社会科学版) 2010 年第 1 期。

[37] 翟志勇:“哈贝马斯论全球时代的国家构建——以后民族民主和宪法爱国主义作为考察重点”，载《环球法律评论》2008 年第 2 期。

[38] 幕良泽、高秉雄:“现代国家构建：多维视角的述评”，载《南京社会科学》2007 年第 1 期。

[39] 刘一哲、王恒:“价值多元：自由主义的证成还是否定?”，载《学海》2012 年第 4 期。

[40] 焦兵："族群冲突理论：一种批判性考察"，载《青海社会科学》2013 年第 3 期。

[41] 陈纪："族群概念界定评析及其类型化认知初探"，载《云南民族大学学报》（哲学社会科学版）2016 年第 1 期。

[42] 何叔涛："论多民族国家民族认同与国家认同的特点及互动"，载《云南民族大学学报》（哲学社会科学版）2011 年第 11 期。

[43] 吴增定："自由主义与现代国家的道德正当性问题"，载《浙江学刊》2012 年第 2 期。

[44] 杨龙波："自由主义视野下的文化权利观"，载《贵州社会科学》2013 年第 3 期。

[45] 王家峰："在权力与权利之间：现代国家建构的历史逻辑"，载《天津社会科学》2010 年第 6 期。

[46] 申建林、储建国："自由与道德、能力、市场——消极自由主义者与积极自由主义者的论战"，载《武汉大学学报》（哲学社会科学版）2004 年第 5 期。

五、外文文献：

[1] Will Kymlicka, Wayne Norman, *Citizenship in Culturally Diverse Societies: Issues, Contexts, Concepts*, Oxford University Press, 2000.

[2] Will Kymlicka, *Finding Our Way: Rethinking Ethnocultural Relations in Canada*, Don Mills, Ont.: Oxford University Press, 1998.

[3] Keith Banting and Will Kymlicka, "Multiculturalism and Welfare", *Dissent Fall*, 2003, pp. 59~66.

[4] David Miller, *On Nationality*, Oxford: Oxford University Press, 1995.

[5] Iris. M. Young, *Justice and the Politics of Difference*, Princeton: Princeton University Press, 1990.

[6] Iris. M. Young, "Unruly Categories: A Critique of Nancy Fraser's Dual Systems Theory", *New Left Review*, Vol. 222, 1997, pp. 147~160.

[7] Iris. M. Young, "Polity and Group Difference: A Critique of the Ideal of Uni-

versal Citizenship", in Anne Phillips ed. , *Feminism and Politics*, Oxford: Oxford University Press, 1998.

[8] Iris. M. Young, "Ruling Norms and the Politics of Difference: A Comment on Seyla Benhabib", *The Yale Journal of Criticism*, Vol. 12, No. 2, 1999, pp. 415~421.

[9] Iris. M. Young, "Equality of Whom? Social Groups and Judgments of Injustice", *The Journal of Political Philosophy*, Vol. 9, No. 1, 2001, pp. 1~18.

[10] Nancy Fraser, "Multiculturalism and Gender Equity: The US 'Difference' Debate Revisited", *Constellation*, Vol. 3, No. 1, 1996, pp. 61~72.

[11] Nancy Fraser, *Justice Interruptus: Critical Reflections on the "Postsocialist" Condition*, New York: Routledge, 1997.

[12] Nancy Fraser, "From Redistribution to Recognition? Dilemmas of Justice in a 'Post-Socialist' Age", in Anne Phillips ed. , *Feminism and Politics*, Oxford: Oxford University Press, 1998.

[13] Nancy Fraser, "Why Overcoming Prejudice Is Not Enough: A Rejoinder to Richard Rorty", *Critical Horizon* , Vol. 1, No. 1, 2000, pp. 21~28.

[14] Nathan Galzer, *We Are All Multiculturalists Now*, Cambridge: Harvard University Press, 1997.

[15] Amy Gutmann, *Identity in Democracy*, Princeton and Oxford: Princeton University Press, 2003.

[16] Bhikhu Perekh, *Rethinking Multiculturalism: Cultural Diversity and Political Theory*, London: Macmillan Press, 2000.

[17] Jeff Spinner, *The Boudaries of Citizenship*, Baltimore: The Johns Hopkins Univeristy Press, 1994.

[18] Charles Taylor, "The Politics of Recognition", in Amy Gutmann ed. , *Multiculturalism*, Princeton: Princeton University Press, 1994.

[19] Charles Taylor, *Philosophical Arguments*, Cambridge: Harvard University Press, 1995.

[20] Taylor Charles, "Shared and Divergent Values", in Watts and D. G. Brown

eds. , *Options for a New Canada*, University of Toronto Press, 1991.

[21] S. Hoffmann, "Blood and Belonging: Journeys to the New Nationalism", *Foreign Affiars*, Vol. 3, 1994, p. 148.

[22] T. H. Marshall, "Citizenship and Social Class", in T. H. Marshal and Tom Bottomore eds. , *Citizenship and Social Class*, London and Chicago: Pluto Press, 1992.

[23] William A. Galston, *Liberal Purposes: Goods, Virtues, and Diversity in the Liberal State*, Cambridge: Cambridge University Press, 1991.

[24] Michael J. Sandel, *Liberalism and Limits of Justice*, The Press Syndicate of the University of Cambridge, 1982.

[25] James Tully, *Strange Multiplicity: Constitutionalism in the Age of Diversity*, Cambridge University Press, 1995.

[26] J. L. Kincheloe and S. R. Steinberg, "Introduction: What is Multiculturalism", in *Changing Multiculturalism Buckingham*, Pheladelphia: Open University Press, 1997, pp. 3~16.

[27] David K. Ryden, *Representation in Crisis: The Constitution, Interest Groups, and Political Parties*, Albany: State University of New York Press, 1996.

[28] Habermas Jugen, "Citizenship and National Identity: Some Reflections on the Future of Europe", *Praxis International*, Vol. 12, No. 1, 1992, pp. 1~19.

[29] Paul Kelly, *Multiculturalism Reconsidered: Culture and Equality and Its Critics*, Cambridge: Blackwell Publishers Ltd. , 2002.

[30] Richard J. Arneson, *Pluralism: The Philosophy and Politics of Diversity*, London: Routledge, 2000.

[31] Joseph Raz, "Multiculturalism: A Liberal Perspective", *Ethics in the Public Domain: Essays in the Morality of Law and Politics*, Oxford: Clarendon Press; New York: Oxford University Press, 1994.